一晩寝かせてしっかり儲ける

オーバーナイト投資術

二階堂重人

東洋経済新報社

はじめに

私は現在、デイトレードとスイングトレードを中心にした専業トレーダーをしています。

しかし、株取引を始めた頃は長期投資でした。儲かったり、損したりを繰り返す、ごく普通の投資家でした。

せっかちな性格からか長期投資は向かず、すぐに短期売買が中心になりました。

そして、取引手数料が安くなり、ネット取引が普及すると、短期売買⇓スイングトレード⇓デイトレードというように、株の保有スパンが短いトレードになっていきました。

デイトレードでコンスタントに稼げるようになった頃のこと。

前日にデイトレードで売買した銘柄が、翌朝、買い気配でどんどん上がっていき、かなり高い株価で寄り付きました。

「昨日、（この株を）売らずに持っていれば、寄り付きの時点で大きく儲かったのに」と悔しい思いをしました。

その後も、同じようなことが何度もありました。相場全体が上昇トレンドだったためです。

このような値動きを見ているうちに、私はこう思いました。

「当日の株価と翌朝の株価の差で利益を出すことができないだろうか」

そして、作り上げたのが、**「オーバーナイト投資術」**です。

詳しいことは後で述べますが、これは**一晩持ち越す取引**のことです。

この投資術を作った頃、強い上昇相場ということもあって面白いように稼げました。持ち越した銘柄のほとんどは、値上がりして始まりました。中には、大きく値上がりし、たった一晩で大きな利益を得たこともありました。

もちろん、大きな損失を出すこともありましたが、それを良い機会と捉え、その都度、投資術を改良してきました。

本書で紹介するオーバーナイト投資術の大きなポイントは2つです。

①買いポジションと売りポジションを持つ

②買いポジションと売りポジションのサイズ比率を相場に合わせて調整する

こうすることで、リスクを最小限に抑えながらリターンを狙うことができるようになりました。

本書を手に取った方は、デイトレードやスイングトレードの投資本を見たことがあると思いますが、オーバーナイト投資術の本は見たことがないと思います。オーバーナイト投資術という言葉すら、知らなかったという人もいるはずです。

しかし、オーバーナイト投資術で稼いでいるトレーダーはかなりいます。手の内を明かしていないだけです。

本書は、オーバーナイト投資術での稼ぎ方を紹介する初めての本だと思います。

読者の方がこの投資術で資産を大きく増やすことができたら、著者として望外の喜びです。

＊本書は株式投資をする際の参考となる情報提供を目的に、著者が自らの経験および独自に調査した結果に基づき執筆したものですが、確実な利益を保証するものではありません。投資に関する最終決定は必ずご自身の判断で行ってください。

一晩寝かせてしっかり儲ける
オーバーナイト投資術

＊

目次

第1章 オーバーナイト投資術で稼ごう！

第2章 オーバーナイト投資術の基本

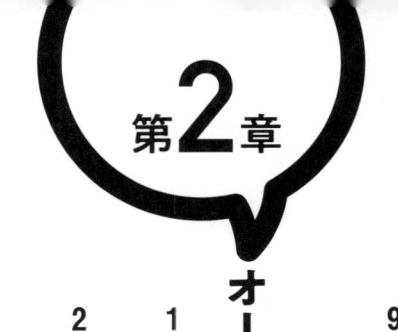

第3章

【銘柄選び①】買いポジションの作り方
——翌朝、値上がりする銘柄の特徴はこれだ！

第4章

【銘柄選び②】売りポジションの作り方
——翌朝、値下がりする銘柄の特徴はこれだ！

第5章

【銘柄選び③】ストップ高の持ち越しで大きな利益を狙おう！

第6章

【実践①】ポジション比率の調整で高い利益を狙おう！

第7章 【実践②】リスク管理を徹底しよう！

第1章

オーバーナイト投資術で稼ごう！

1 オーバーナイト投資術とは？

大引けで持って、寄り付きで決済する投資術

本書では「オーバーナイト投資術」というスタイルのトレードを紹介します。

オーバーナイト投資術とは、翌日に持ち込むトレードのことです。

1泊2日のトレードというわけです。

オーバーナイト投資術といっても様々なスタイルのものがありますが、私の場合は、大引けでポジションを持って、翌日の寄り付きでポジションを手放すというスタイルです。**大引け時間である15時にポジションを持って、翌日の寄り付き時間である9時にポジションを決済するわけです。**

そのため、ポジションを持っている時間は18時間ということになります。

こういった短い時間で利益を狙うのは、オーバーナイト投資術です。

図1-1 オーバーナイト投資術

●オーバーナイト投資術とは？

翌日に持ち込む、1泊2日のトレード

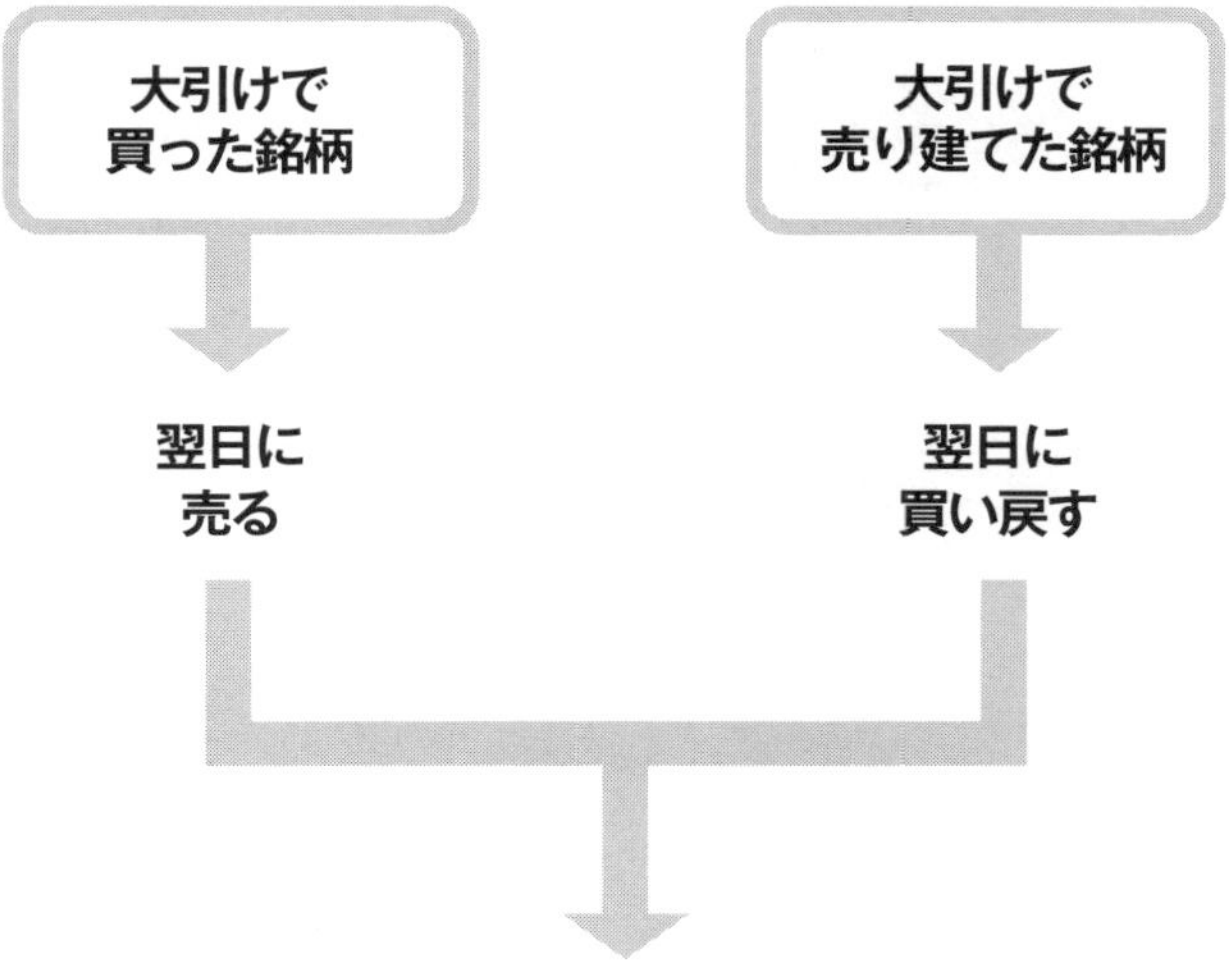

このトータルで利益が出るようにする！

2 翌日の寄り付きに株価が動く銘柄で利益を狙う

リスクを抑えて、小さな利益を積み重ねる

「大引けから翌日の寄り付きといった限られた時間で、利益を出すことができるのか」

そう思った方もいることでしょう。

確かに、時間が短いので、大きな利益を出すことは難しいといえます。

しかし、**オーバーナイト投資術は、**

「リスクを抑えながら、小さな利益を積み重ねていく」

といったトレードです。

読者の皆さんは、以下のような経験がありませんか。

持ち越した株が、翌日の朝、寄り付きで値下がりして始まった。

たとえば、終値で500円だったとします。その株を持ち越したら、翌日の寄り付きは495円で始まった、というような状況です。

翌日は5円値下がりして始まったわけです。

このような経験で、悔しい思いをした方もいることでしょう。


逆に、持ち越した株が翌日の朝、寄り付きで値上がりして始まった。

たとえば、終値で500円だったとします。

その株を持ち越したら、翌日の寄り付きは505円で始まった、というような状況です。

翌日は5円値上がりして始まったわけです。


このように、翌日への持ち越しによって株価が変動することがあります。

この変動で利益を狙っていくのが、オーバーナイト投資術ということです。

3 1円の値動きでも利益を出せる

売買手数料と金利を気にする必要はない

「わずかな変動では売買手数料がかかるので利益を出すことが難しいのではないか」という疑問を持った方もいることでしょう。

たしかに、売買手数料がかかるので、その分は収益の負担になります。

また、後ほど説明しますが、「信用取引」という取引を利用すると、金利がかかります。

さらに利益が少なくなるわけです。

まず、**売買手数料についてですが、現在、ネット証券の売買手数料はかなり安いので、わずかな値幅でも利益を出すことが可能です。**

売買手数料体系や株価にもよりますが、わずか1円の値上がりでも利益を出すことが可能なのです。

たとえば、株価300円の銘柄を買い、それを301円で売ったとします。値上がり幅は1円です。これでも、売買手数料体系次第で利益が出るのです。

このように、売買手数料の安いネット証券を利用すれば、わずかな値幅でも利益を出すことができるので、問題ありません。

また、信用取引の金利についてですが、こちらは「年3％前後」です。たとえば、100万円分の株を持っていたとしても、金利は3万円しかつきません。これは年間の金利です。オーバーナイト投資術は1泊2日のトレードですから、金利は2日分しかつきません。1日あたり82円。2日で164円くらいです。

わずかな金額なので、あまり気にする必要はないと思います。

オーバーナイト投資術では、売買手数料のより安い証券会社で取引することが、より多くの利益を出すコツです。

4 株価が下がっても利益を出せる

値下がりすると利益が出るポジションを合わせ持つ

「大引け後に悪い材料が出て株価が下がると困るので、持ち越したくない」

このように考えている方もいるはずです。たとえば、米国株式市場が大幅に下落したりすると、翌日の東京株式市場も大きく下落して始まる確率が高いです。そうなれば、持ち株は値下がりして始まる確率が高くなります。

値上がりすると利益が出るポジションを持つ
←
米国株式市場が大幅に下落する
←
翌日、値下がりして始まれば損失が出る

こういったことがあるので、持ち越したくないという人はけっこういるようです。

では、値下がりすると利益が出るポジションを持っていたらどうでしょう。

この場合、米国株式市場が大幅に下落し、翌日の株式市場も大きく下落して始まることになったとしたら、ポジションには利益が出ることになります。

値下がりすると利益が出るポジションを持つ
↓
米国株式市場が大幅に下落する
↓
翌日、値下がりして始まれば利益が出る

本書で紹介するオーバーナイト投資術は、値上がりすると利益が出るポジションだけでなく、値下がりすると利益が出るポジションも合わせて持つといった、持ち越しのリスクを抑えたトレードスタイルです。そのため、株式相場が下落して始まっても、大きな損失が発生する確率は極めて低くなります。

5 成功のカギは銘柄選びが9割

ギャップアップやギャップダウンしそうな銘柄を選ぶ

オーバーナイト投資術は、大引けでポジションを持って、それを翌日の寄り付きで決済します。

当然のことですが、大引けの株価（終値）と翌日の始値が同じでは利益が出ません。売買手数料や金利がかかるので、同じ株価では損失が出てしまいます。そのため、**買いポジションはギャップアップしないと、売りポジションはギャップダウンしないと利益が出ません。**

ギャップアップ……終値に対して翌日の始値が高いこと
ギャップダウン……終値に対して翌日の始値が低いこと

図1-2 ギャップアップ・ギャップダウン

●ギャップアップとは？

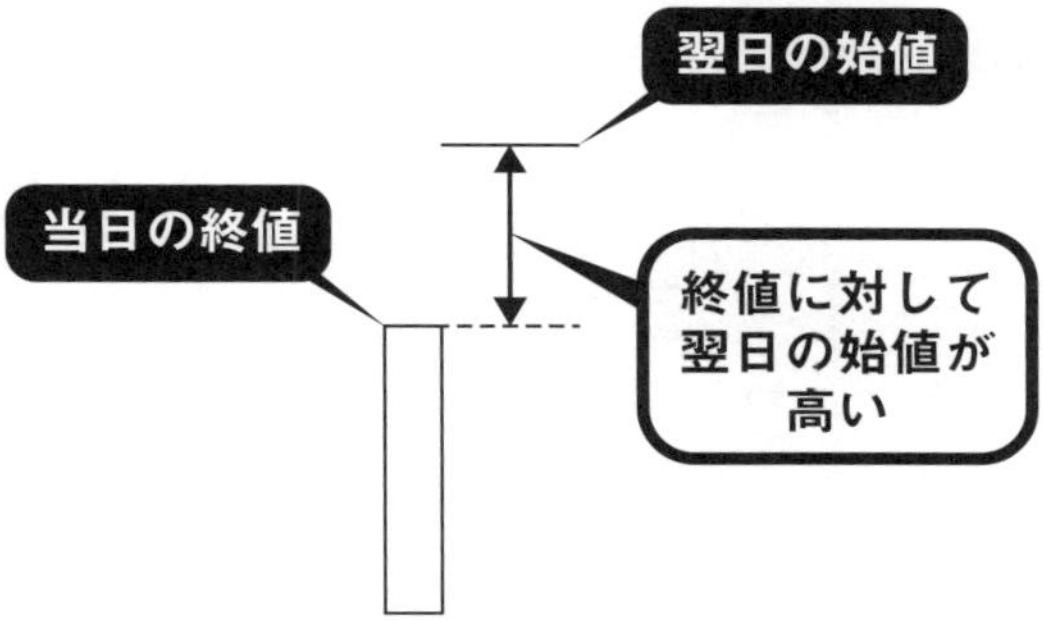

●ギャップダウンとは？

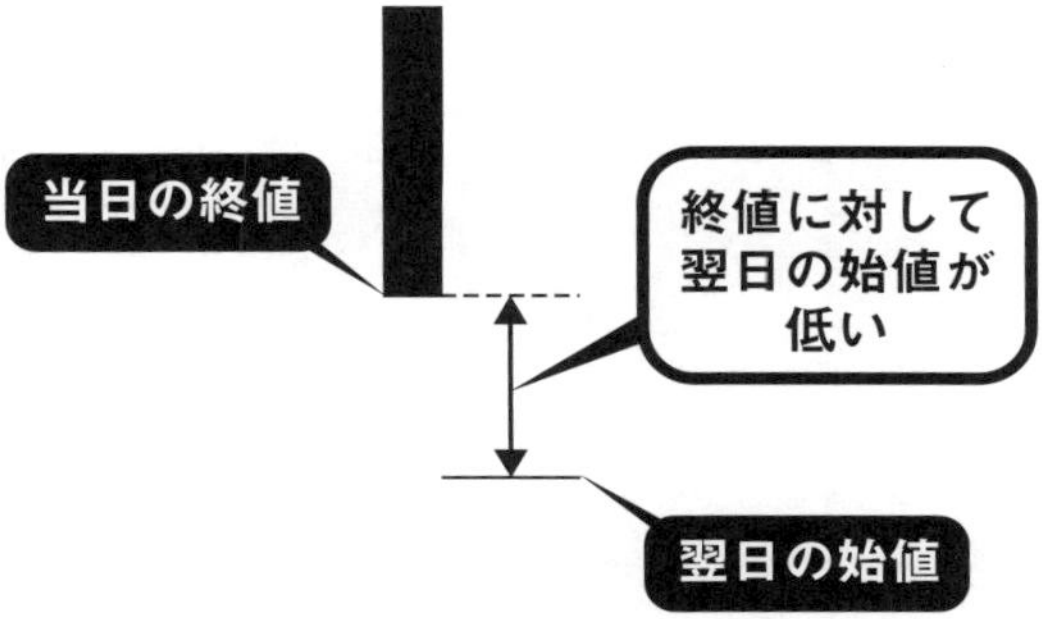

ギャップアップとは、終値に対して翌日の始値が高いことです。たとえば、終値が300円で、翌日の始値が310円というように、株価が高く始まった状態です。

ギャップダウンとは、終値に対して翌日の始値が低いことです。たとえば、終値が300円で、翌日の始値が290円というように、株価が低く（安く）始まった状態です。

銘柄選びは、ギャップアップするか、ギャップダウンするかを基準にして探します。

買い建て銘柄……ギャップアップしそうな銘柄を選ぶ
売り建て銘柄……ギャップダウンしそうな銘柄を選ぶ

6 買いと売りの両建てで高パフォーマンスを狙う

上がりやすい銘柄を買って、下がりやすい銘柄を売る

「買いポジションと売りポジションの両方を持つオーバーナイト投資術は、効率が悪いのではないか」

そう思った方もいることでしょう。

たしかに、買いポジションと売りポジションの両方を持つことは、効率がよいとはいえません。

相場全体が上昇した場合、買いポジションで利益が出ますが、売りポジションで損失が出るので、トータルでは利益分が少なくなってしまいます。

しかし、本書のやり方では、「上がりやすい銘柄を買い、下がりやすい銘柄を売る」と

いったスタンスなので、相場がフラットな状態では、買いポジションと売りポジションの両方で利益が出る確率が高くなります。

相場がフラットな状態とは、たとえば、米国のＮＹダウの終値が前日とほとんど変わらない水準で、東京株式市場にも影響がほとんどない状態です。また国内にも相場に影響するような材料が出ていない状態です。

直近の傾向と同じ方向に動く

こういった状態では、日経平均株価は以下のような動きになります。

- **前日終値とほとんど変わらない水準で取引が始まる**
- **直近の傾向と同じ方向に少し動いて始まる**

日経平均株価は前日の終値とほとんど変わらない水準で取引が始まるか、直近の傾向と同じ方向に少し動いて始まります。

たとえば、直近が上昇傾向であれば少し値上がりして始まります。直近が下落傾向であれば、少し下落して始まるわけです。

個別銘柄の株価も同じです。前日の終値とほとんど変わらない水準で取引が始まるか、直近の傾向と同じ方向に少し動いて始まります。

買いポジションは直近で上昇傾向の銘柄、売りポジションは直近で下落傾向の銘柄にするので、相場がフラットな状態では、買いポジションと売りポジションの両方で利益が出る可能性があるわけです。

また、相場がフラットな状態でなくても、多少の変動であれば、両方のポジションで利益が出る可能性があります。

多少の変動では、個別銘柄の株価は直近の傾向と同じ方向に動く確率が高いからです。

こういったことから、買いポジションと売りポジションの両方を持っても効率が悪いとはいえないわけです。

7 株価が大暴落しても大きな損失が出ない

買いポジションの損失を売りポジションで穴埋め

繰り返しになりますが重要なことなので、もう一度、説明しておきます。

本書で紹介するオーバーナイト投資術は、株価が大きく下落しても大丈夫です。

まったく損失が出ないというわけではありませんが、大きな損失が出る確率は低いです。

ポジション次第では、利益が出る可能性もあります。

それは、株価が暴落しても同じです。

たとえば、NYダウが暴落したとします。値幅はいくらでもよいのですが、1000ドルの下げだとします。大暴落です。

当然、東京株式市場もこの影響を大きく受けます。

日経平均株価は1000円くらいの下落になるでしょう。

こちらも大暴落です。

多くの銘柄は特別売り気配（売り注文が多くて寄り付かない状態）で値段が下がってきます。

買った株を持っていれば、大きな損失が出る可能性があるわけです。

しかし、本書で紹介するオーバーナイト投資術では、買いポジションだけでなく、売りポジション（値下がりすると利益が出るポジション）も同時に持っているので、損益は以下のようになります。

買いポジション……暴落によって大きな損失が出る
売りポジション……暴落によって大きな利益が出る

買いポジションは暴落によって大きな損失が出るでしょう。

しかし、売りポジションは暴落によって大きな利益が出ます。

買いポジションの損益と売りポジションの損益を合わせると、それほど大きな損失にはならないはずです。

ポジション次第では損失よりも利益の方が上回り、トータルで利益が出るはずです。

たとえば、買いポジションで20万円の損失が出たとしても売りポジションで17万円の利益が出る、買いポジションで20万円の損失が出たとしても売りポジションで23万円の利益が出る、というようになることもあるわけです。

このように、**オーバーナイト投資術では買いポジションと売りポジションを同時に持つので、株価が暴落したとしても大きな損失が出ないようになっています。**

株価暴落のリスクを抑えながら利益を狙うというスタンスのトレードです。

8 大きな利益を狙うこともできる！

一晩に数パーセントも株価が動く銘柄もある

先にも述べたとおり、オーバーナイト投資術は基本的に小さな利益を積み上げていくスタイルです。しかし、これはあくまでも基本で、大きな利益を狙っていくこともあります。具体的なやり方については後ほど詳しく述べることにしますが、ここでは少しモチベーションを上げるために、どのくらい大きな利益なのかを紹介しておきます。

図1-3のチャートは、地域新聞社（東証ジャスダック2164）の5分足チャートです。この株を買ったのはAのところです。買値は528円。

そして、この株を売ったのはBのところです。売値は565円です。一晩の持ち越しで37円分の利益が出ました。このように、いつでも小さな利益を狙っていくというわけではなく、大きな利益も狙っていきます。

図1-3 一晩の持ち越しで37円分の利益！

● 地域新聞社（東証ジャスダック2164）5分足チャート

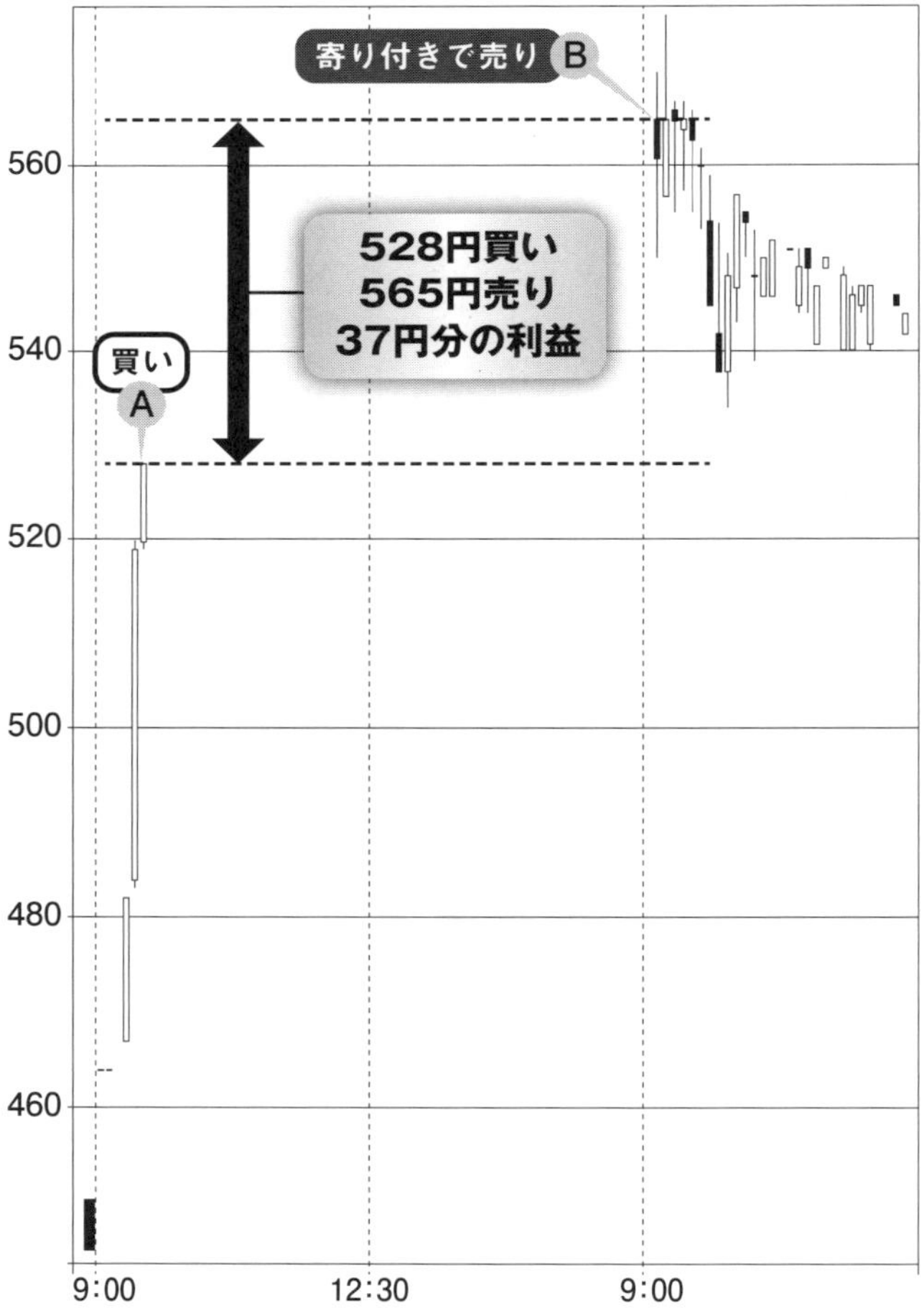

9 オーバーナイト投資術の資金はいくら必要なのか？

最低でも、30万円以上の資金は用意しよう

次は、オーバーナイト投資術の資金について説明します。

オーバーナイト投資術にかぎらず、株トレードの資金は多いほどいいです。

なぜなら、資金が多いと大きなポジションを持てるので、その分、利益も大きくなるからです。

また、資金が多ければ、買いたい銘柄を買うことができます。

資金が限られていると、買いたい銘柄があっても資金が足りずに買えないということもあります。


しかし、初めから大きな資金でトレードしなくてもいいでしょう。

初めから大きな資金でトレードすると、失敗して大きな損失を出してしまう可能性があるからです。

初めは少ない資金から始めて、スキルが高くなるにつれて、資金を増やしていくのが理想です。

といっても、30万円以上の資金は用意しましょう。

なぜなら、先に説明した信用取引に必要な資金が30万円以上だからです。

ほとんどの証券会社では信用取引に必要な最低委託保証金額が30万円に設定されています。

そのため、資金は最低でも30万円以上用意しましょう。

第2章

オーバーナイト投資術の基本

1 オーバーナイト投資術の3ステップ

選ぶ→大引けで保有→寄り付きで決済

この章では、オーバーナイト投資術の基本を説明します。
まずは、大まかな流れを説明しますので、頭に入れておいてください。

ステップ1……銘柄を探す。
ステップ2……大引けでポジションを持つ。
ステップ3……翌日の寄り付きでポジションを決済する。

まずは、銘柄を探すことから始めます。
第1章で述べたとおり、「値上がりしそうな銘柄を買い」「値下がりしそうな銘柄を売る」

わけです。

値上がりしそうな銘柄と値下がりしそうな銘柄を探します。

「どのような銘柄か」については、後ほど詳しく説明します。

銘柄を探したら、大引けでポジションを持ちます。持ち越す株を買ったり、売ったり（売り建てたり）するわけです。

ポジションを持つタイミングは、基本的に大引けです。

ただし、大きな利益を狙って行く場合は大引け以外でもポジションを持ちます。

ポジションを決済するタイミングは、基本的に翌日の寄り付きです。利益が出ても、損失が出ても、翌日の寄り付きで決済します。

ただし、利益を伸ばす場合に限っては、ポジションを持ち続けることがあります。

以上がオーバーナイト投資術の流れです。

② 前日比で急騰・急落した銘柄を探す

騰落率ランキングを見れば簡単に見つかる

買う銘柄と売る銘柄は選ぶ基準（条件）が異なるので、それぞれについて章を設けて詳しく説明します。

基本的には、急騰した銘柄か、急落した銘柄になります。

急騰急落銘柄は、「騰落率ランキング」を使うと簡単に探せます。

騰落率ランキングとは、前日の終値に対して騰落率の高い順に表示されているランキングのことです。

騰落率ランキングは、「値上がり率ランキング」と「値下がり率ランキング」の2つがあります。

図2-1 騰落率ランキングを使う

● 値上がり率ランキング

	コード	銘柄名	市場	業種	現在値		前日比	騰落率	売買高	売買代金
1	6636/T	ｿﾙﾎﾞﾑJHD	東証JQｽﾀﾝﾀﾞｰﾄﾞ	電気機器	45	(14:54)	+20	+80.00%	27827.9	1128.745
2	1689/T	ガスETF	東証	その他	4	(13:23)	+1	+33.33%	441	1.658
3	3264/T	ｱｽｺｯﾄ	東証JQｽﾀﾝﾀﾞｰﾄﾞ	不動産業	335	(14:54)	+72	+27.37%	3568.6	1119.17
4	1433/T	ベステラ	東証1部	建設業	1563	(09:24)	+300	+23.75%	293.9	445.248
5	2693/T	ＹＫＴ	東証JQｽﾀﾝﾀﾞｰﾄﾞ	卸売業	442	(09:13)	+80	+22.09%	344.8	148.292
6	4579/T	ﾗｸｵﾘｱ	東証JQｸﾞﾛｰｽ	医薬品	1657	(14:54)	+297	+21.83%	7141.3	11382.39
7	6433/T	ﾋｰﾙｲｽﾄ	東証JQｽﾀﾝﾀﾞｰﾄﾞ	機械	456	(14:54)	+74	+19.37%	251.9	110.524
8	9399/T	ビート	東証2部F	情報・通信業	506	(14:54)	+80	+18.77%	2541.104	1170.988
9	6281/T	前田製	東証JQｽﾀﾝﾀﾞｰﾄﾞ	機械	647	(12:30)	+100	+18.28%	105.2	65.324
10	2425/T	ｹｱｻｰﾋﾞｽ	東証JQｸﾞﾛｰｽ	サービス業	1010	(09:34)	+150	+17.44%	96.5	93.331
11	7827/T	オービス	東証JQｽﾀﾝﾀﾞｰﾄﾞ	その他製品	1040	(10:30)	+150	+16.85%	49.1	48.968
12	4523/T	エーザイ	東証1部	医薬品	10710	(09:24)	+1504	+16.33%	1486.7	15914.223
13	4669/T	ﾆｯﾊﾟﾝR	東証JQｽﾀﾝﾀﾞｰﾄﾞ	サービス業	1072	(14:26)	+150	+16.26%	105.9	108.934
14	9909/T	愛光電	東証JQｽﾀﾝﾀﾞｰﾄﾞ	卸売業	3810	(14:52)	+525	+15.98%	8.8	33.855
15	1730/T	麻生ﾌｫｰﾑ	東証JQｽﾀﾝﾀﾞｰﾄﾞ	建設業	751	(09:24)	+100	+15.36%	36.8	27.637

● 値下がり率ランキング

	コード	銘柄名	市場	業種	現在値		前日比	騰落率	売買高	売買代金
1	6289/T	技研製	東証1部	機械	2041	(14:53)	-414	-16.86%	675.1	1395.389
2	8016/T	ｵﾝﾜｰﾄﾞHD	東証1部	繊維製品	701	(14:53)	-136	-16.24%	3108.8	2229.945
3	1606/T	海洋掘削	東証1部	鉱業	61	(14:52)	-11	-15.27%	2342.5	145.917
4	9861/T	吉野家HD	東証1部	小売業	1806	(14:53)	-300	-14.24%	4051.1	7596.385
5	3321/T	ミタチ	東証1部	卸売業	817	(14:50)	-113	-12.15%	326.6	268.095
6	8185/T	チヨダ	東証1部	小売業	2156	(14:53)	-280	-11.49%	358	776.233
7	2820/T	やまみ	東証JQｽﾀﾝﾀﾞｰﾄﾞ	食料品	2010	(14:52)	-230	-10.26%	36.2	73.368
8	4764/T	SAMURAI	東証JQｸﾞﾛｰｽ	情報・通信業	357	(14:53)	-37	-9.39%	5811.3	2056.476
9	3193/T	鳥貴族	東証1部	小売業	2205	(14:53)	-227	-9.33%	467.3	1020.406
10	6264/T	マルマエ	東証2部	機械	1217	(14:52)	-122	-9.11%	276.1	342.474
11	3344/T	ﾜﾝﾀﾞｰCO.	東証JQｽﾀﾝﾀﾞｰﾄﾞ	小売業	1138	(14:53)	-97	-7.85%	38.5	42.628
12	1697/T	大豆ETF	東証	その他	1950	(09:44)	-165	-7.84%	0.2	0.39
13	8918/T	ランド	東証1部	不動産業	12	(14:53)	-1	-7.69%	19014.5	247.01
14	3501/T	住江織	東証1部	繊維製品	2419	(14:53)	-193	-7.56%	43.9	107.517
15	6177/T	AppBank	東証ﾏｻﾞｰｽﾞ	サービス業	725	(14:50)	-59	-7.52%	487.6	358.441

（出所）松井証券「QUICK 情報」ランキングページ

値上がり率ランキング……前日の終値に対して値上がり率の高い銘柄のランキング
値下がり率ランキング……前日の終値に対して値下がり率の高い銘柄のランキング

騰落率ランキングは、ネット証券の株価情報のページで見られるはずです。たとえば、松井証券なら「ＱＵＩＣＫ情報」のランキングのページで見ることができます（無料です）。

午後2時から銘柄選びをスタート

大引けでポジションを持つわけですから、それまでの間に銘柄を探しておく必要があります。銘柄探しにかかる時間は個人差があると思います。その時間がだいたいわかっていれば、大引けの15時から逆算することでどのくらいの時刻から始めればよいのかわかると思います。銘柄探しはけっこう時間がかかるため少し余裕を持って時間を取りましょう。

私の場合、オーバーナイト投資術の銘柄探しは、だいたい14時くらいから始めます。初めは大雑把な選別です。これは10分程度で終わります。その後、14時30分くらいに、もう一度、探します。そして、14時50分ぐらいから、本格的に選別していきます。14時55分くらいには、注文を出す準備に入ります。このような流れです。

図2-2 銘柄探しから注文までの流れ

14時～

初めは大雑把な選別です。
当日に大きく動いた銘柄や予めリストアップしておいた銘柄のチャートを見て選別します。これは10分程度。

↓

14時30分～

もう一度、同じ作業で探します。
これは5分程度。

↓

14時50分～

ポジションを持つ銘柄を本格的に選別していきます。
買いポジションと売りポジションの比率(第6章を参照)を考慮しながら、銘柄を決めます。

↓

14時55分～

注文を出す準備に入ります。
もう一度、チャートをチェックした上で、大引けを指定した注文を出します。
株価の変動が激しい銘柄は、大引け直前まで株価をチェックしてから注文を出すかどうかを決めます。

3 すべてのポジションを大引けで持つ

大引けまでに含み損が出ると精神的にきつくなる

オーバーナイト投資術は、どのタイミングでポジションを持てばよいのでしょうか。

基本的には、大引けです。

買いポジションも、売りポジションも、すべて大引けで持つようにします。

オーバーナイト投資術を始めた頃は、14時45分くらいから少しずつポジションを持つようにしていました。

しかし、持ったポジションの株価が大引けまでの間に動き、オーバーナイトで持つ条件に合わなくなることがよくありました。

値動きの大きな銘柄を狙うため、大引けまでの間に株価が大きく動いてしまうわけです。

また、ポジションを持った銘柄の株価が大引けまで動くので、含み益や含み損が出てしまいます。

含み益が出る分にはいいのですが、含み損が出ると精神的にきつくなります。「含み損が出た株を明日の朝まで持つのか」と思うと憂鬱でした。

それに、ポジションを持つタイミングを決めていないと、どこで持てばいいのか、かなり迷います。

今、買ったほうがいいのかな、それとももう少し値動きを見て値下がりしてから買ったほうがいいのかな、などとかなり迷うわけです。

こういったことから、現在では、すべてのポジションを大引けで持つことに決めています。**こうすれば、含み損が出ることもありませんし、どのタイミングでポジションを持つかと迷うこともありません。**

4 注文は大引けを指定して出す

成行注文か指値注文かは板を見て決める

銘柄が決まったら、注文を出します。

その際、「成行注文」と「指値注文」のどちらがいいのでしょうか。

成行注文……「いくらでもいい」といった値段を指定しない注文のこと。ほとんどの場合必ず約定するが、想定外の値段で約定してしまう可能性もある

指値注文……「いくらで」または「いくらまでなら」といったように、値段を指定する注文のこと。想定外の値段で約定することはないが、約定しないことがある

このように、どちらの注文にもメリットとデメリットがあります。そのため、一概にどちらがよいとはいえません。

私の場合、板を見てどちらにするか決めています。

板とは、注文状況が表示されたボードのことです。見方についてはこの後の項目で説明します。

板で見るべきポイントは、「厚さ」です。

板が厚い……市場に出ている注文が多い状態
板が薄い……市場に出ている注文が少ない状態

板が薄い場合、少しまとまった注文が入ってしまうと、値段が飛んでしまうことがあります。

たとえば、現在の値段が300円だったとします。板が少ない状態でまとまった注文が出ると、303円、305円といったように現在の値段よりも離れた値段で約定する可能性があるわけです。

逆に、板が厚い場合、少しまとまった注文が入っても値段が飛ぶようなことはありません。

たとえば、現在の株価が300円だとして、少しまとまった買い注文が入っても、300円か301円で約定する可能性が高いといえます。

銘柄を決める際に、板の状況も把握しておきます。

そして、**板が厚い場合は成行注文で、板が薄い場合は指値注文で出すようにしています。**

「引け成行注文」か「引け指値注文」が便利

オーバーナイト投資術の注文には、「引け成行注文」か「引け指値注文」が便利です。

引け成行注文……大引けに限定して出せる成行注文のこと
引け指値注文……大引けに限定して出せる指値注文のこと

普通の成行注文や指値注文は、時間を指定することができません。ちょうど大引けで注文を出すということができないわけです。そのため、複数の注文を出す時は大引けの少し前から分けて出す必要があります。

しかし、**引け成行注文や引け指値注文であれば、大引けを指定して注文を出すことができます**。

大変便利なので、私はこれで注文を出すことが多いです。

ただし、前場に引け注文を出すと、前場の引けでの発注になってしまいます。大引けでの発注にするには、後場になってから注文を出さなければなりません。ここを注意してください。

引け指値注文はどの証券会社でもあるわけではありません。証券会社によっては指定することができません。

引け注文は、岡三オンライン証券や松井証券が有名です。

5 売買手数料と注文の種類で証券会社を選ぶ

取引する証券会社によって損益が大きく変わる

前節で注文について触れましたが、ここで、注文を含んだネット証券の選び方について説明します。

オーバーナイト投資術では、証券会社選びが重要です。取引する証券会社によって、損益が大きく変わってくるからです。証券会社を選ぶポイントは以下の2つです。

①売買手数料
②注文の種類

1つ目のポイントは、売買手数料です。

必ず売買手数料の安い証券会社を選んでください。

オーバーナイト投資術では、1回の取引で大きな利益を得られることはほとんどありません。小さな利益を積み重ねていくといったトレードです。

そのため、売買手数料が高いと、トータルで利益を出すことが難しくなってしまいます。

売買手数料の安い証券会社を選んで、口座を開設し、オーバーナイト投資術をしてください。

1約定ごとか、1日の売買代金ごとか

ネット証券の売買手数料体系は大きく2つに分けられます。

- **1約定ごとにいくら**
- **1日の売買代金の合計でいくら**

「1約定いくら」の手数料体系では、1つの注文が約定するごとに手数料がかかります。

たとえば、「1約定・50万円まで525円」だとします。

1回の注文で40万円分の株を買うと、525円の手数料がかかります。この株を、1回の注文で40万円分を売ると、また525円の手数料がかかります。

このように、買った時と売った時に手数料が発生するので、注意してください。

「1約定いくら」の手数料体系では、ほとんどの証券会社で約定代金の金額によって手数料が変わるスライド式になっています。「100万円分まで手数料1080円、200万円分まで手数料2160円」というように金額が上がるごとに、手数料も上がっていきます。

「1日の売買代金の合計でいくら」の手数料体系では、約定回数に関係なく1日の売買代金の合計で手数料がかかります。

たとえば、「1日の売買代金の合計200万円まで2160円」だとします。

この場合、約定が1回でも、約定が10回でも、売買代金の合計が200万円を超えなければ、手数料は2160円です。

こちらもスライド式になっていることが多く、1日の約定代金の金額が上がるごとに手数料も上がっていきます。

どちらがよいかは人によって異なります。

ポジションの大きさや銘柄数によって、どちらがよいか違ってきます。

自分のトレードをシミュレーションしてみて、どちらの料金のほうが安いのか調べてみましょう。

ちなみに、私の場合は「1日の売買代金の合計でいくら」にしています。

大引けを指定して、注文が出せるか

2つ目のポイントは、注文の種類です。

売買手数料ほどではありませんが、こちらも重要です。

オーバーナイト投資術では、大引けにポジションを持ちます。当然、売買注文もそのタイミングで出すだけです。

普通の注文の場合、大引けちょうどに出すというのがなかなかできません。とくに複数の注文を出す場合、すべての注文を大引けちょうどに出すというのは無理です。

しかし、**大引けを指定して出せる注文があります。**

たとえば、岡三オンライン証券の「引け指値注文」や「引け成行注文」なら、大引けちょうどに注文を出すことができます。

ネット証券を選ぶ際、このような注文が可能かどうかもポイントにして選びましょう。

6 注文する前に板の厚さを確認する

板は注文が多いほど厚くなる

ここで、「板」について説明します。板とは、注文状況が表示されているボードのこと。板の見方は以下の通りです。

中央……気配値
左側……売り注文の状況（指値）
右側……買い注文の状況（指値）

たとえば、図2-3の板では、501円で1万7000株の売り注文、500円で1万4000株の買い注文が出ています。

図2-3 板の見方を覚える

●板とは？

注文状況が表示されているボードのこと

売数量	気配値	買数量
95000	510	
28000	509	
32000	508	
47000	507	
47000	506	
91000	505	
33000	504	
65000	503	
43000	502	
17000	501	
	500	14000
	499	55000
	498	41000
	497	69000
	496	66000
	495	98000
	494	48000
	493	39000
	492	72000
	491	71000

売り注文数

買い注文数

このように板を見れば、現在の注文状況がわかります。必ず見方を覚えておきましょう。

注文の際は板の厚さがポイント

板で見るべきポイントはいくつかあるのですが、オーバーナイト投資術の注文の際は「厚さ」がポイントになります。

「注文状況の多さ」です。

板が厚い……取引所に出ている注文が多い
板が薄い……取引所に出ている注文が少ない

取引所に多くの注文が出ている状況を「板が厚い」といい、取引所に出ている注文が少ない状況を「板が薄い」といいます。

たとえば、図2-4の上段の板の図では、多くの注文が出ています。板が厚い状況です。

図2-4の下段の板の図では、注文があまり出ていません。板が薄い状況です。

このように、板を見る場合は、厚いか薄いかに注目します。

図2-4 板の厚さを見る

板が厚い

売数量	気配値	買数量
95000	510	
28000	509	
32000	508	
47000	507	
47000	506	
91000	505	
33000	504	
65000	503	
43000	502	
17000	501	
	500	14000
	499	55000
	498	41000
	497	69000
	496	66000
	495	98000
	494	48000
	493	39000
	492	72000
	491	71000

板が薄い

売数量	気配値	買数量
11000	510	
2000	509	
2000	508	
1000	507	
1000	506	
5000	505	
1000	504	
2000	503	
2000	502	
3000	501	
	500	2000
	499	1000
	498	1000
	497	2000
	496	1000
	495	5000
	494	1000
	493	3000
	492	3000
	491	4000

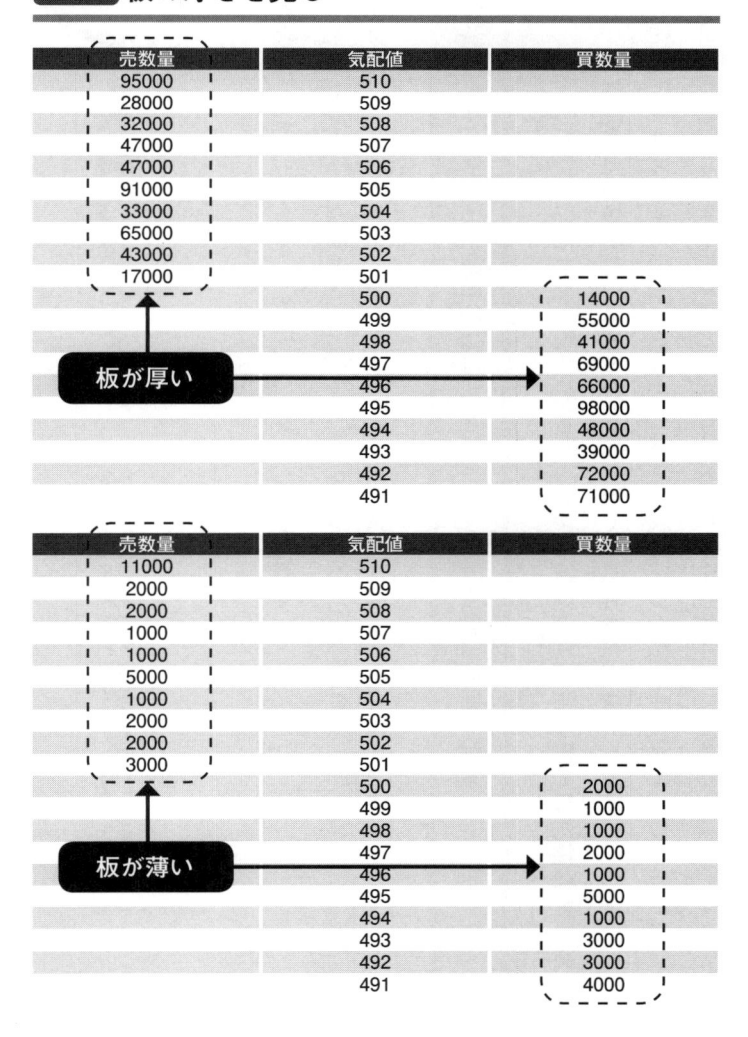

7 決済のタイミングは翌日の寄り付き

含み損が出ていてもすべてのポジションを手放す

次は、決済について説明します。

基本的に、決済のタイミングはポジションを持った翌日の寄り付きです。

決済のタイミング……基本的にはポジションを持った翌日の寄り付き

ここですべてのポジションを手放します。**買った株は売り、売り建てした株は買い戻します。これは含み益が出ていても、含み損が出ていてもすべて決済します。**そのため、決済の注文は寄り付き前に出しておきましょう。成行注文か指値注文かについてはポジションを持つ時と同じです。板を見て、成行注文にするか指値注文にするか判断してください。

図2-5 決済のタイミングはいつ？

基本的にはポジションを持った翌日の寄り付き

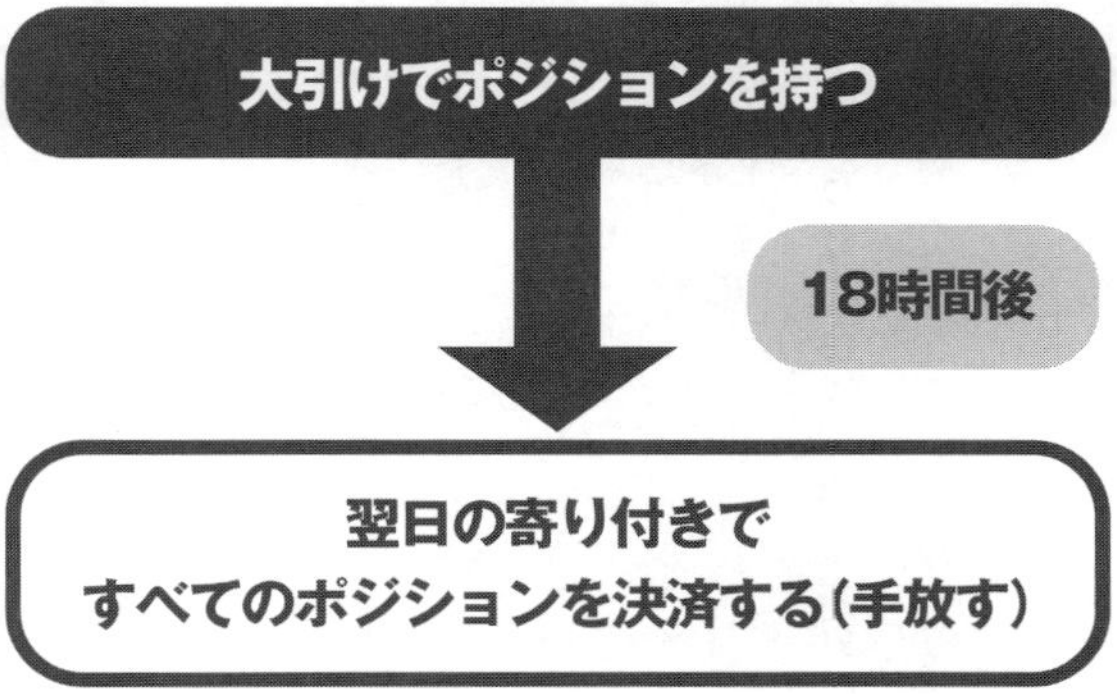
大引けでポジションを持つ
18時間後
翌日の寄り付きで
すべてのポジションを決済する（手放す）

買った株 ➡ 売る

売り建てした株 ➡ 買い戻す

含み益が出た銘柄は
少し残して利益を伸ばしてもよい！

8 含み損が出ても必ず寄り付きでロスカット

1回のトレードで大きな損失を出さないことが成功のカギ

どのような手法でも同じですが、すべてのトレード（取引）で利益が出るということはありません。損失が出るトレードもあるわけです。

本書で紹介しているオーバーナイト投資術では、含み益が出ても含み損が出ても、基本的には寄り付きで決済します。

とくに、**損失が出そうな場合は、必ず寄り付きで決済してください。**

「含み損が出ても我慢して持っていれば、含み損がなくなるのではないか。上手くいけば、含み益が出るのではないか」

そう思った方も多いことでしょう。

たしかに、含み損が出ても、決済しないで持っていれば含み損がなくなり、上手くいけば含み益が出ることもあります。しかし、逆に含み損が大きくなってしまうこともあります。

株トレーダーのブログなどを見ているとわかるのですが、下手な人はたいがい含み損が出た株を持ち続けています。その結果、含み損がどんどん拡大し、最後は怖くなって投げる形で株を売ります。当然、大損です。

含み損が一定以上になった段階で、そのトレードは見込み違いだったわけです。スパッと諦めて決済し、気持ちを切り替えて、次のトレードに向かうほうが賢いと思います。

トレードで大事なのは、1回のトレードで大きな損失を出さないことです。

大きな損失を出してしまうと、取り戻すのは大変です。

小さな損失であれば、すぐに取り戻すことができます。

また、大きな損失を出してしまうと、資金不足からトレードができなくなってしまうこともあります。ブログなどを見ていると、大きく損をした後、「退場します」と書かれていることがよくあります。資金が少なくなったため、トレードができなくなったわけです。

このようにならないためにも、1回のトレードで大きな損失を出さないようにしましょう。必ず決めたタイミングでロスカットするべきです。

9 含み益が出ている場合は持ち続けてもいい

ポジションの一部を利食いして残りで大きな利益を狙う

前述したように、オーバーナイト投資術は基本的に翌日の寄り付きですべてのポジションを決済します。

しかし、必ず決済しなければならないというわけではありません。

利益を伸ばしたい場合は、寄り付きで決済しないでそのまま持ち続けてもいいでしょう。

場合によっては、スイングトレードに切り替えてもよいわけです。

また、ポジションの一部だけを決済し、残りのポジションで大きな利益を狙ってもいいでしょう。

たとえば、3000株のポジションを持っているとします。寄り付きで2000株だけ利食いします。

そして残りの1000株で、さらに大きな利益を狙うわけです。

私はポジションの一部を利食いして、残りのポジションで大きな利益を狙うことが多いです。


このように、オーバーナイト投資術は必ず翌日の寄り付きですべてのポジションを決済しなくてもよいわけです。

ただし、それは含み益が出ている場合だけです。

含み損が出るような場合は、必ず寄り付きで決済しましょう。

含み益が出そうな場合……寄り付きですべてのポジションを決済しなくてもかまわない
含み損が出そうな場合……寄り付きですべてのポジションを決済する

10 売りポジションはカラ売りで作る

信用取引とは？

次に、信用取引の「カラ売り」について説明します。

これは、売りポジションを作るときに使う取引です。

信用取引とは、口座の資金を保証金として、株購入の代金を借り入れたり、株を借りて行う取引のことです。

レバレッジを効かせることができます。レバレッジとは、「てこの原理」のこと。口座の資金を保証金にし、約3倍の金額の取引が可能になります。

たとえば、100万円の資金を保証金にした場合、約300万円分の取引ができるわけです。

これは少ない資金でトレードをする人にとっては大きなメリットになります。

信用取引を行うには、通常の口座の他に、「信用取引口座」を開設しなければなりません。利用しているネット証券の管理画面に、「信用取引口座の開設申請画面」があると思います。そちらから申請してください。

信用取引口座の開設には審査があります。そのため誰でも開設できるというわけではありません。かつて、信用取引口座の開設の審査は結構厳しかったのですが、最近はあまり厳しくないようです。株取引の経験があまりなくても、審査に通るようです。

なぜ先に株を売って後から買えるのか？

次は、カラ売りについて説明します。

カラ売りとは、信用取引の「新規売り建て」のことです。

買い取引の場合、先に株を買って、後で売ります。

カラ売りは、この逆です。先に株を売って（売り建てて）、後から買い（買い戻し）ます。

「株を持っていないのに、どうして売ることができるのか」

という疑問を抱いた方もいることでしょう。これは、信用取引によって、株を借りてくるわけです。その株を売るという形になります。

「借りてくる」といっても面倒な手続きはありません。株を買うときのように、普通に注文画面から注文を出すだけです。

カラ売りは、売った後に値下がりすると利益が出ます。逆に、売った後に値上がりすると損失が出ます。買いの取引とは逆になるわけです。

カラ売りした株が値下がり……利益が出る
カラ売りした株が値上がり……損失が出る

たとえば、500円でカラ売りをしたとします。株価が480円に値下がりすれば、20円分の利益が出ます。逆に、株価が520円に値上がりすれば、20円分の損失が出るわけです。

このように、値下がりすると利益が出るカラ売りという取引で、売りポジションを作ります。

図2-6 カラ売りは株価が下落すると利益が出る

● **カラ売りとは？**

信用取引の「(新規)売り建て」のこと
「先に売って、後で買う(買い戻す)」という取引

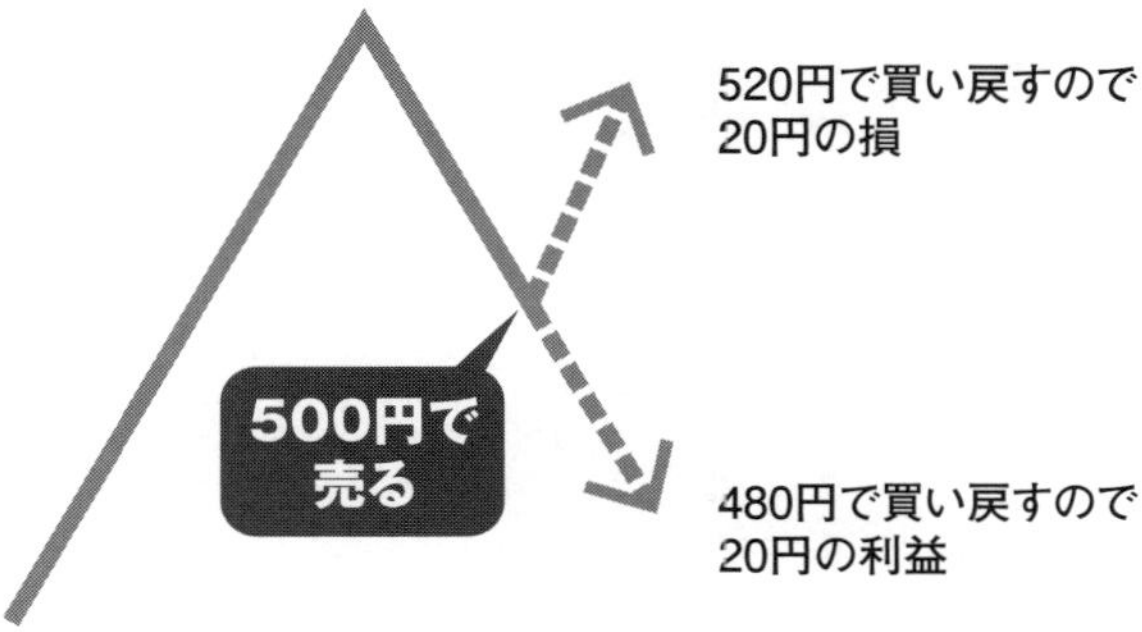

カラ売りした後に株価が上昇……**損失が出る**
カラ売りした後に株価が下落……**利益が出る**

11 カラ売りができるのは貸借銘柄だけ

売りポジションを作る際は、貸借銘柄の中から選ぶ

ここで注意しておきたいことがあります。それは、「カラ売りができる銘柄は限られている」ということです。**カラ売りができるのは、基本的に「貸借銘柄」だけです。**

現物銘柄……信用取引ができない銘柄
信用銘柄……信用買いはできるが、信用売りはできない銘柄
貸借銘柄……信用買い、信用売りのどちらもできる銘柄

売りポジションを作る際は、貸借銘柄の中から選ぶようにしましょう。ちなみに、銘柄の種類は「会社四季報オンライン」のウェブサイトで調べることができます。

図2-7 銘柄種類の調べ方

●「会社四季報オンライン」のウェブサイトで調べることができます

https://shikiho.jp/

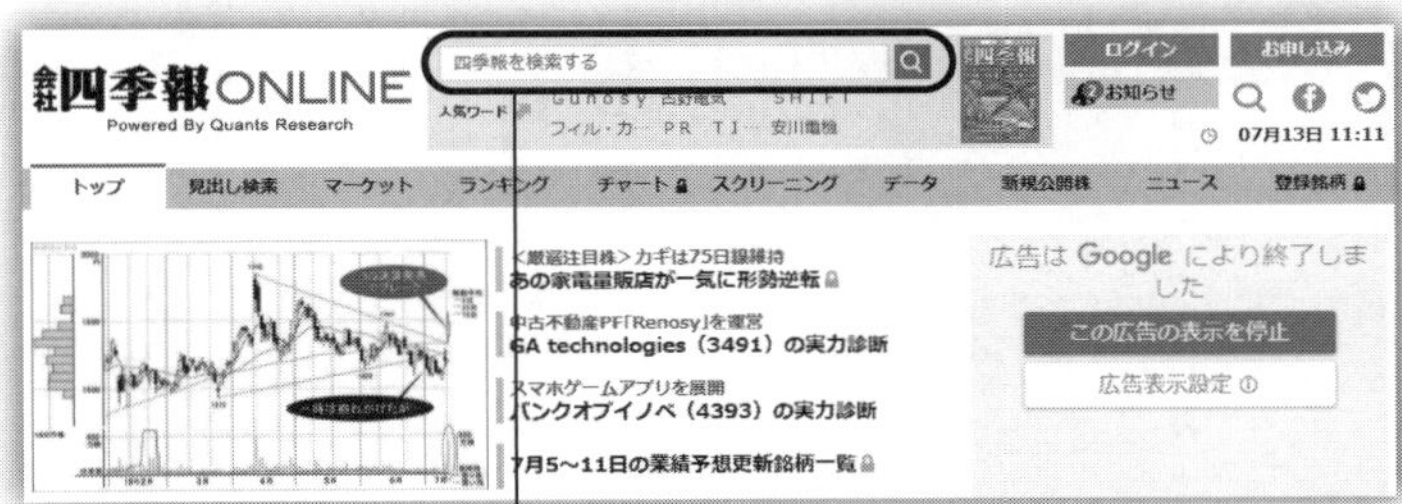

ここに証券コードを入力して検索する

例：「9984」

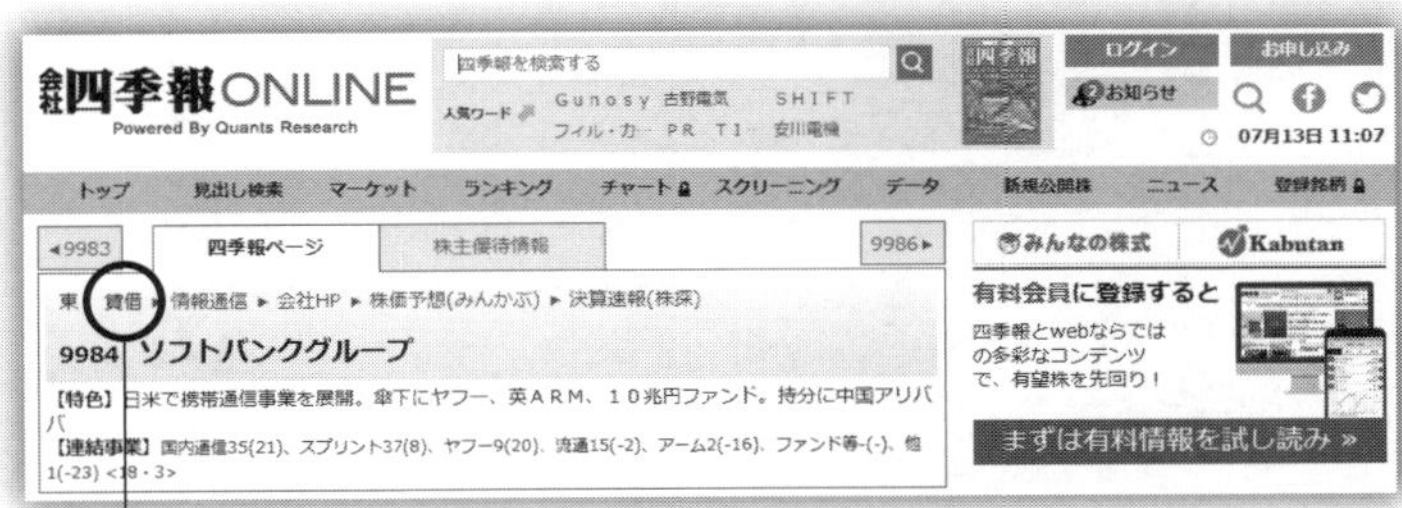

銘柄の種類が記載されている

例：「貸借」

12 逆日歩が高ければカラ売りを見送る

1株当たり日0・5円以上は注意

カラ売りをする銘柄を選ぶときに、もう1つ注意したいのが「逆日歩」です。

逆日歩とは、「品貸料」のこと。売り建玉に発生する金利のことです。

先に説明したとおり、カラ売りは株を借りてきて売ります。市場で借りられる株が不足してくると、金利が発生してきます。この金利が、逆日歩ということです。


逆日歩は、ネットで調べることができます。

「日本証券金融株式会社」のウェブサイト内「貸借取引情報」(http://www.taisyaku.jp/)がお勧めです。

カラ売りした株に逆日歩がつくと、金利を支払わなくてはなりません。その分がコストになるわけです。当然、逆日歩はついていないほうがいいです。

通常であれば、逆日歩はつきません。ついても、1株当たり0・05円か0・1円です。1000株カラ売りした場合、1株当たり0・05円なら1日で50円、1株当たり0・1円なら1日で100円になります。

この程度であればそれほど大きな負担にはなりません。

1株当たり日0・5円以上は注意したほうがいいでしょう。1000株カラ売りした場合、1株当たり0・5円なら1日で500円になってしまいます。負担がかなり大きくなってきます。

また、**逆日歩が高くなってくると、買い方勢が強気になっています**。売る人が少なくなっているので、株価が上がりやすくなります。カラ売りをしても、値下がりする確率が低くなるので、注意が必要です。

カラ売り銘柄を選ぶ際は、14時過ぎに高い逆日歩はついていないかを調べるようにしましょう。逆日歩が高ければ、カラ売りを見送るべきです。

13 【銘柄選びのテクニカル指標①】5日移動平均線と25日移動平均線

一定期間の終値の平均値をつないだ線

銘柄を探す時は日足チャートを使います。

そのチャートには、「株価移動平均線（以下、移動平均線と略します）」を表示させます。**移動平均線とは、一定期間の終値の平均値をつないだ線のことです**。図2-8のチャート上にある2本の曲線が移動平均線です。

移動平均線にはさまざまな期間のものがあります。日足チャートでよく使われるのは、「5日移動平均線」「25日移動平均線」「75日移動平均線」です。

本書で説明するオーバーナイト投資術では、5日移動平均線と25日移動平均線を使います。

図2-8 本書の手法で使う移動平均線

5 日移動平均線……5 日間の終値の平均値をつないだ線
25日移動平均線……25日間の終値の平均値をつないだ線

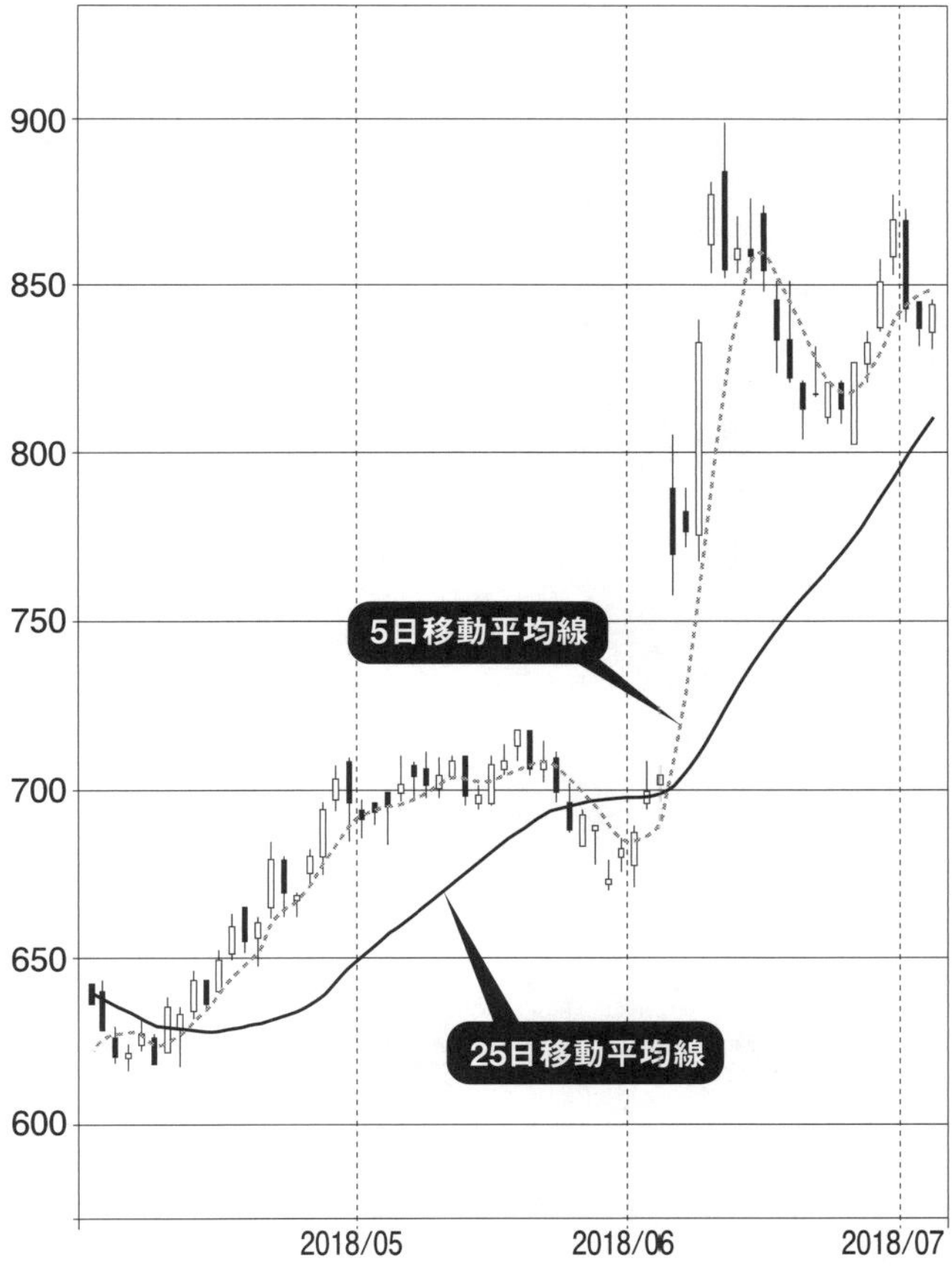

14 【銘柄選びのテクニカル指標②】ボリンジャーバンド

値動きの幅を示す指標

移動平均線のほかに、もう1つ、「ボリンジャーバンド」というテクニカル指標を使います。

ボリンジャーバンドとは、米国のジョン・ボリンジャー氏が考案したテクニカル指標です。移動平均線と、その上下に値動きの幅を示す線を加えた指標です。

まずは、ボリンジャーバンドの見方を説明しましょう。

図2-9のチャートは、日経平均株価の日足チャートです。ボリンジャーバンドを表示しています。

1番上のライン……＋2σ
上から2番目のライン……＋1σ
上から3番目（真ん中）のライン……移動平均線
上から4番目のライン……－1σ
上から5番目（一番下）のライン……－2σ

一般的には、この5本のラインを表示します。

ボリンジャーバンドの売買シグナル

次は、ボリンジャーバンドによる売買シグナルについて説明します。ボリンジャーバンドによる一般的な売買シグナルは以下のとおりです。

株価が＋2σを上抜け……売りシグナル
株価が－2σを下抜け……買いシグナル

株価が＋2σを上抜けすると、「買われ過ぎ」という判断から売りシグナルになります。

株価が－2σを下抜けすると、「売られ過ぎ」という判断から買いシグナルになります。


ボリンジャーバンドの売買シグナルで儲かるのか？


では、ボリンジャーバンドの売買シグナルどおりにトレードをすれば、儲けられるのでしょうか。

株価がボリンジャーバンドの売買シグナルどおりに動くこともあります。

しかし、売買シグナルどおりに動かないこともよくあります。

＋2σを上抜けしたのに株価が下落しないで、さらに上昇していくこともよくあります。同様に、－2σを下抜けしたのに株価が上昇しないで、さらに下落していくこともよくあります。

そのため、売買シグナルどおりにトレードをしても、なかなか利益が出ません。

本書では、このシグナルで売買することはありません。株価の動きを捉える目的で使います。

図2-9 ボリンジャーバンドの見方

●ボリンジャーバンドとは？

移動平均線と、その上下に値動きの幅を示す線を加えた指標

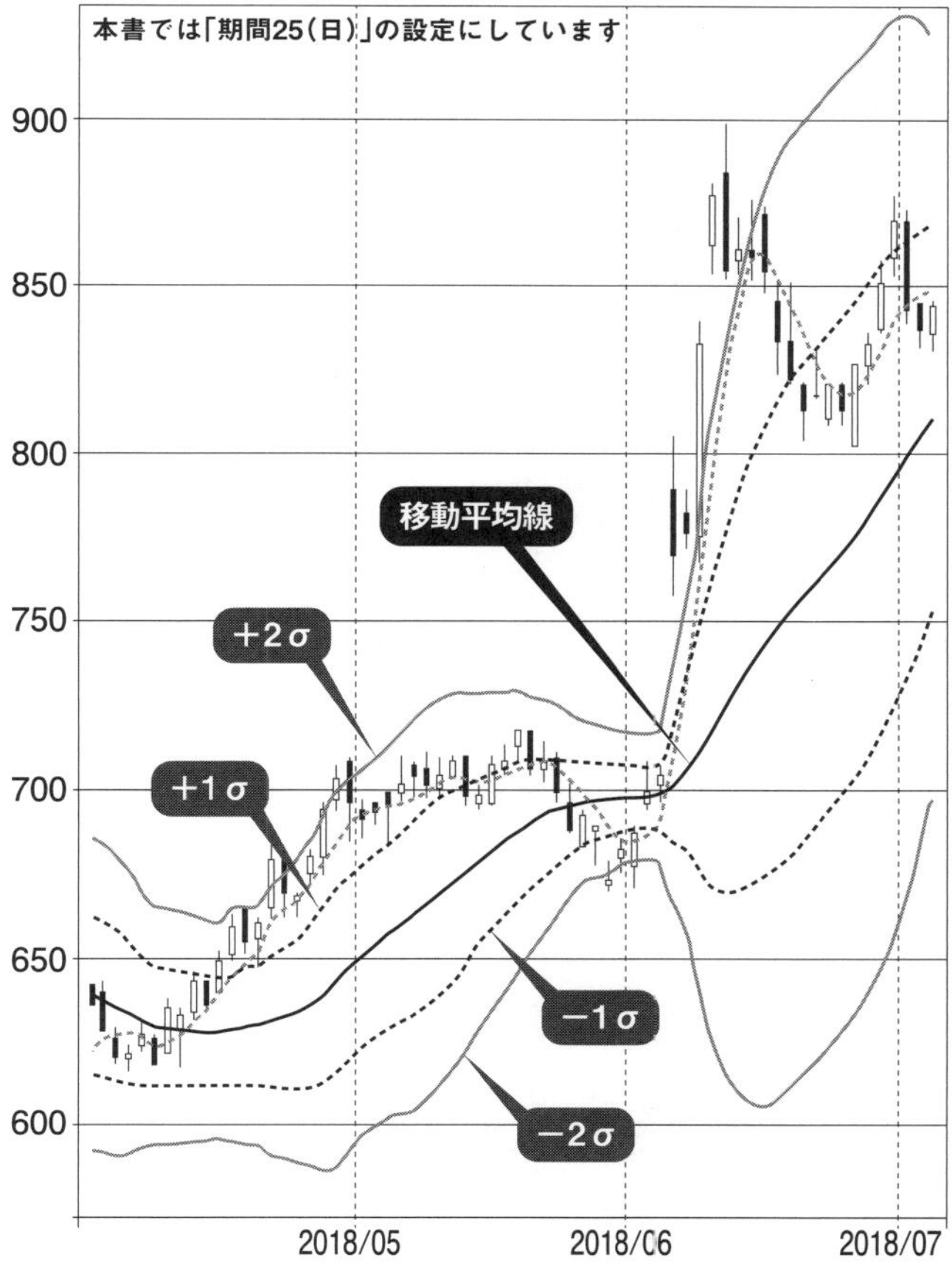

15 オーバーナイト投資術のポジションイメージ

買いと売り、両方のポジションを持つ

この章の最後の項目では、オーバーナイト投資術におけるポジションのイメージをつかんでもらおうと思います。

先にも述べたとおり、**本書のオーバーナイト投資術では、買いポジションと売りポジションの両方を持ちます。**

イメージとしては以下のようになります。

◆買いポジション　4銘柄

銘柄Aを3000株

銘柄Bを2000株

銘柄Cを1000株
銘柄Dを1000株

◆売りポジション 3銘柄
銘柄Eを2000株
銘柄Fを1000株
銘柄Gを1000株

もちろん、最初からこのような銘柄数のポジションを持つ必要はありません。「買いポジション1銘柄と売りポジション1銘柄」でも構いません。

逆に、慣れてきてそこそこの利益を得られるようになってきたら、「買いポジション10銘柄と売りポジション10銘柄」といった大きなポジションにしてもいいでしょう。

ただ、第6章で説明しますが、**ポジションを作る時は銘柄の数や株数で決めるわけではありません。金額ベースで決めるので、そのことを頭に入れておいてください。**ここではあくまでも、イメージとしてわかりやすくするため、銘柄と株数で説明しました。

第3章

銘柄選び①
買いポジションの作り方

——翌朝、値上がりする
銘柄の特徴はこれだ！

1 多くの投資家が買いたい銘柄を狙う

急騰している銘柄が基本

この章では、買いポジションの銘柄選びについて説明します。条件をいくつかあげ、その条件すべてをクリアした銘柄を買いポジションとします。先にも述べたとおり、**基本的に急騰した銘柄の中から探します。**

その理由は、以下のとおりです。

①多くの投資家・トレーダーが注目しているから
②多くの投資家・トレーダーが買いたいと思っているから

1つ目の理由は、「多くの投資家・トレーダーが注目しているから」です。

上場されている銘柄はたくさんあります。そのため、ほとんどの銘柄は投資家やトレーダーに見向きもされません。当然、買い注文がたくさん出るようなことはないわけです。しかし、**急騰した銘柄は、多くの投資家・トレーダーが注目しています**。株価の動向を注目しているわけです。株価の動き次第で、それなりの買い注文が入るため、翌日の寄り付きでギャップアップする可能性があります。

2つ目の理由は、「多くの投資家・トレーダーが買いたいと思っているから」です。当然のことですが、翌日の寄り付きでギャップアップするためには、それなりの買い注文が入らなければなりません。

急騰した銘柄の場合、「チャンスがあれば株を買って儲けたい」と思っている人がたくさんいます。

そのため、株価の動き次第で、買い注文がたくさん入り、翌日の寄り付きでギャップアップする可能性があります。

こういった理由から、急騰した銘柄を狙うわけです。

2 買いポジションは押した後の急反発を狙う

長めの陽線が理想のサイン

どのような銘柄を狙うかについては理解していただけたと思います。

次は、どのタイミングを狙うかについて説明します。

先にも述べたとおり、急騰した銘柄は多くの投資家とトレーダーが株価の動向に注目しています。

この投資家・トレーダーたちがどのようなタイミングで買いたくなるか、ということを考えます。

そのタイミングの一歩先で株を買えばよいわけです。

多くの投資家・トレーダーたちが買いたくなるタイミングはいくつかありますが、その中の1つは、「押した後の急反発」です。

押した後の急反発……少し下落した後に勢いよく上昇

株価が急騰したところで買っていく人もいるでしょう。

しかし、賢い人は警戒してすぐには飛びつきません。

一時的な上昇である可能性もありますし、また、高値をつかんでしまう可能性もあるからです。

いったん、押しが入るのを待ちます。押しとは、上昇後の（一時的な）下落です。

ただ、下落した段階では、上昇途中の一時的な下落なのか、それとも下落相場への転換なのか判断できません。

しかし、この下落の後、急反発すれば、「この下落は押しである」と判断する人が多くなります。

そして、買い注文を出してくると考えられます。

ローソク足の形としては、反発したことがはっきりとわかる長めの陽線が理想です。

3 ボリンジャーバンドで上昇傾向を見極める

目視で大きく上抜けたことを確認

急騰した銘柄の探し方は、先にも述べたとおり、値上がり率ランキングを使います。

このランキングにランクインした銘柄のほとんどは、急騰した銘柄です。

しかし、このランキングにランクインした銘柄のすべてが狙える銘柄というわけではありません。

急騰しただけでは、下落途中の単なるリバウンドかもしれません。

そういった状況ではなく、上昇傾向になる可能性が高い状況を狙います。そのほうが、狙っていた投資家・トレーダーが買いやすいからです。

これを見極めるためにボリンジャーバンドを使います。

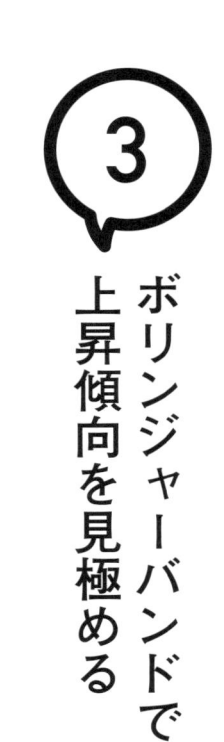

株価がボリンジャーバンドの「＋2σ」を大きく上抜ければ、下落途中の単なるリバウンドという確率は低いです。

ただし、株価が小動きの状態が続くとバンドの幅が狭くなります。その状態ではわずかな上昇でも「＋2σ」を上向けてしまうことがあります。

そのため、ただ「＋2σ」は上抜けただけではなく、目視で大きく上抜けしたことを確認しなければなりません。

株価が「＋2σ」を大きく上抜けしたことを確認する

ローソク足の形としては、「長めの陽線」、または「ギャップアップによる陽線」が理想です。

ボリンジャーバンドの形としては、「＋2σ」と「−2σ」との間が大きく広がった状態が理想です。

4 まとめ 押した後に急反発する3つの条件

この条件のときに終値でポジションを持つ

では、押した後の急反発パターンの条件についてまとめます。

銘柄選び、買うタイミングの条件は以下のとおりです。

条件1……株価が急騰してボリンジャーバンド「+2σ」を上抜けする。

条件2……株価が反落する。

条件3……長めの陽線で反発して終値が5日移動平均線の上になる（なりそう）。

この条件に該当する終値でポジションを持ちます。

「条件3」をクリアするローソク足の終値（大引け）で買うということです。

図3-1 押した後の急反発パターンの買い条件

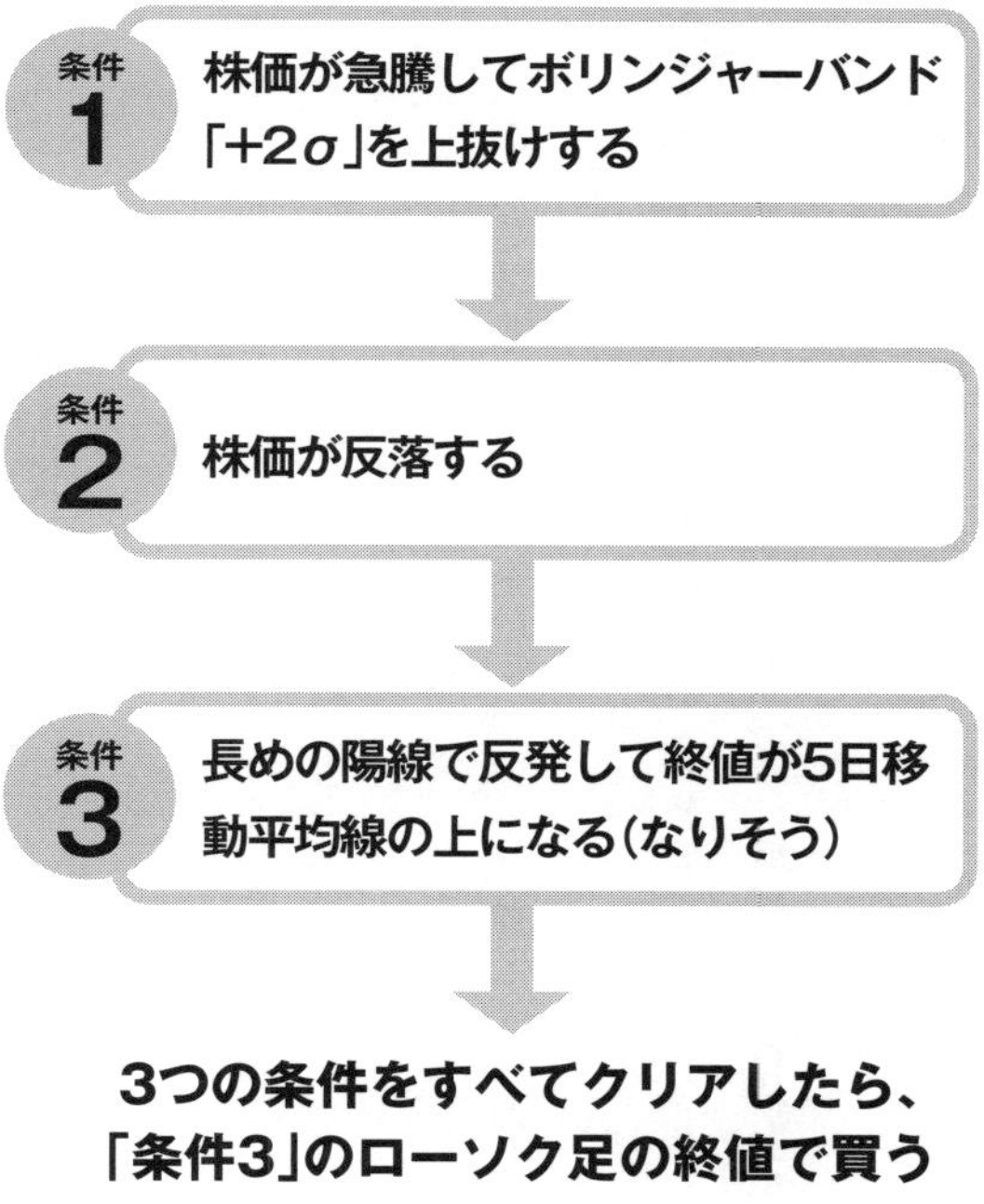
条件1
株価が急騰してボリンジャーバンド「+2σ」を上抜けする
条件2
株価が反落する
条件3
長めの陽線で反発して終値が5日移動平均線の上になる（なりそう）
3つの条件をすべてクリアしたら、「条件3」のローソク足の終値で買う

5 クミアイ化学工業

実例解説3-1のチャートは、クミアイ化学工業（東証1部4996）の日足チャートです。

条件1……Aのところを見てください。株価が急騰してボリンジャーバンド「＋2σ」を上抜けしています。

条件2……Bのところで、株価が反落しています。

条件3……Cのところで、長めの陽線で反発。終値は5日移動平均線（756円）の上になっています。

これで条件をすべてクリアしました。買いポジションを持つタイミングです。**買値は832円。翌取引日の始値は862円。前日比30円高でした。**

短期調整での反発です。こういった形もよくあるので、覚えておいてください。

実例解説3-1
クミアイ化学工業 （東証1部4996）

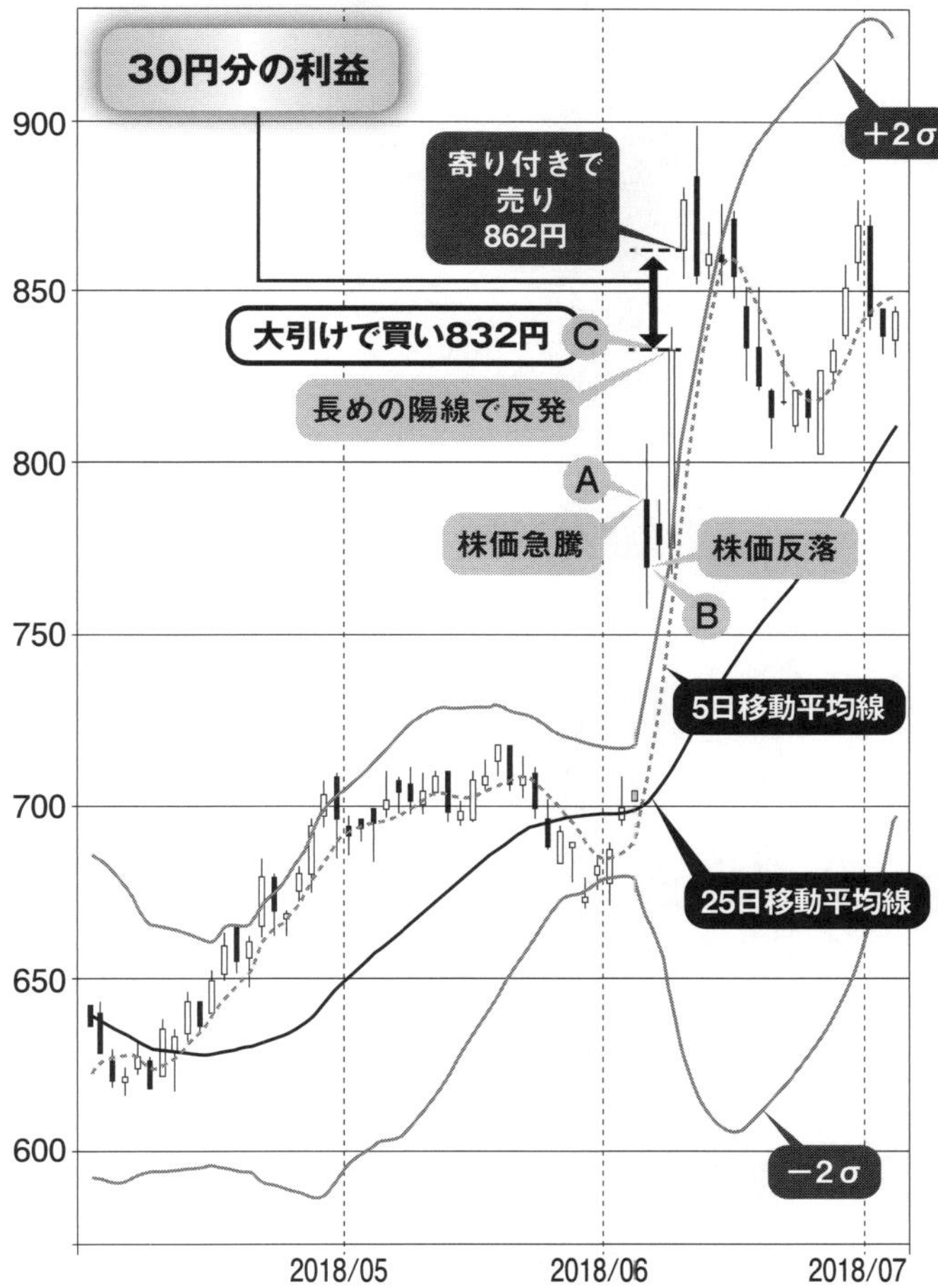

●日足チャート

6 関門海

実例解説3-2のチャートは、関門海（東証2部3372）の日足チャートです。

条件1……Aのところを見てください。株価が急騰してボリンジャーバンド「+2σ」を上抜けしています。

条件2……Bのところで、株価が反落しています。

条件3……Cのところで、長めの陽線で反発。終値は5日移動平均線（507・8円）の上になっています。

これで条件をすべてクリアしました。買いポジションを持つタイミングです。**買値は522円。翌取引日の始値は532円。前日比10円高でした。**これも短期調整での反発です。トレーダーが好みそうな銘柄はこういった反発が多いです。

実例解説3-2

関門海 （東証2部3372）

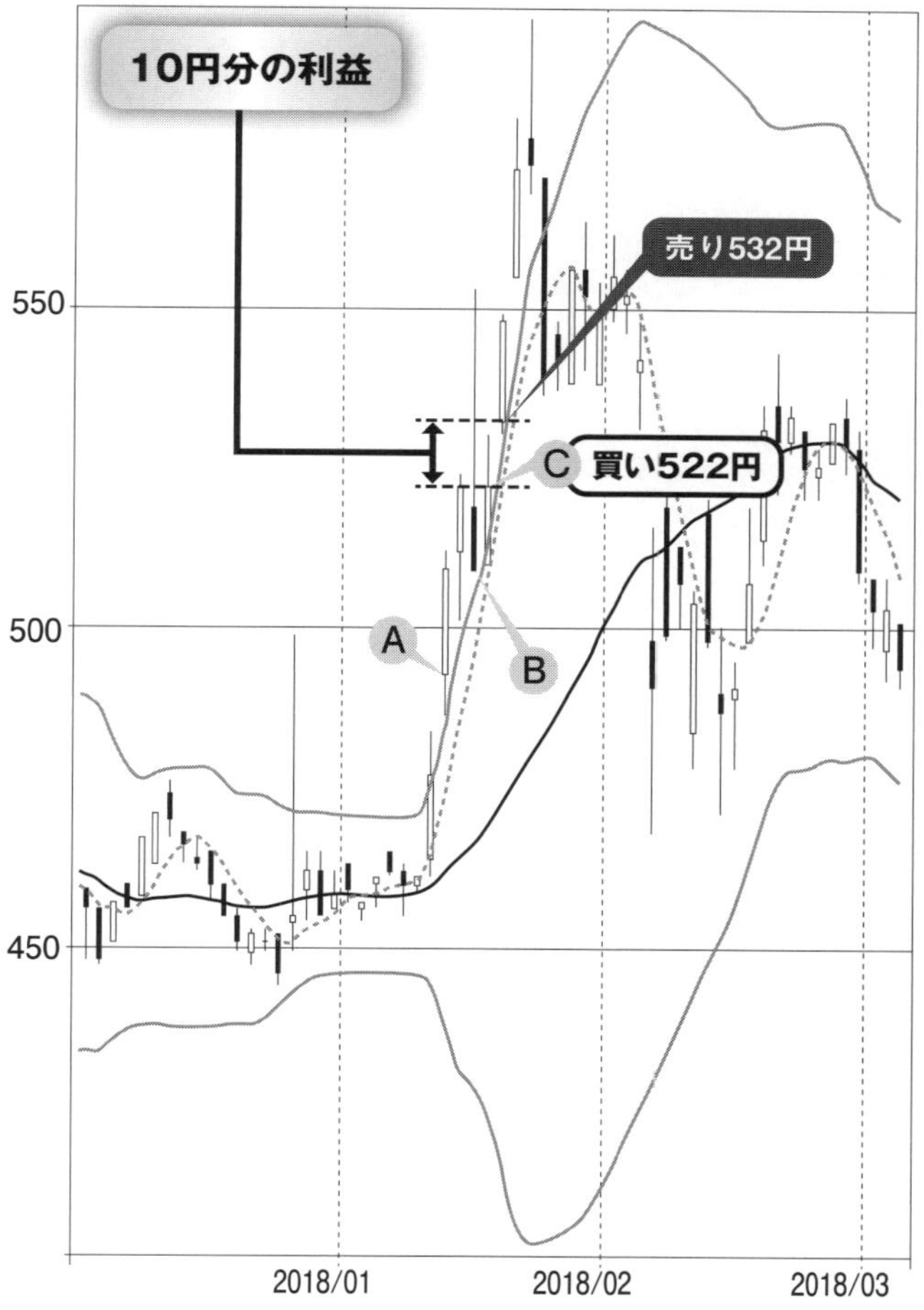

●日足チャート

7 ケネディクス

演習問題3-1のチャートは、ケネディクス（東証1部4321）の日足チャートです。この章で紹介している「押した後の急反発パターン」で買いポジションを持つところはどこでしょうか。

答えてください。

HINT!

まずは、急騰してボリンジャーバンドの「+2σ」を上抜けしたところを探しましょう。

あとは、下落したところ、長めの陽線で反発したところを探します。

演習問題3-1

ケネディクス （東証1部4321）

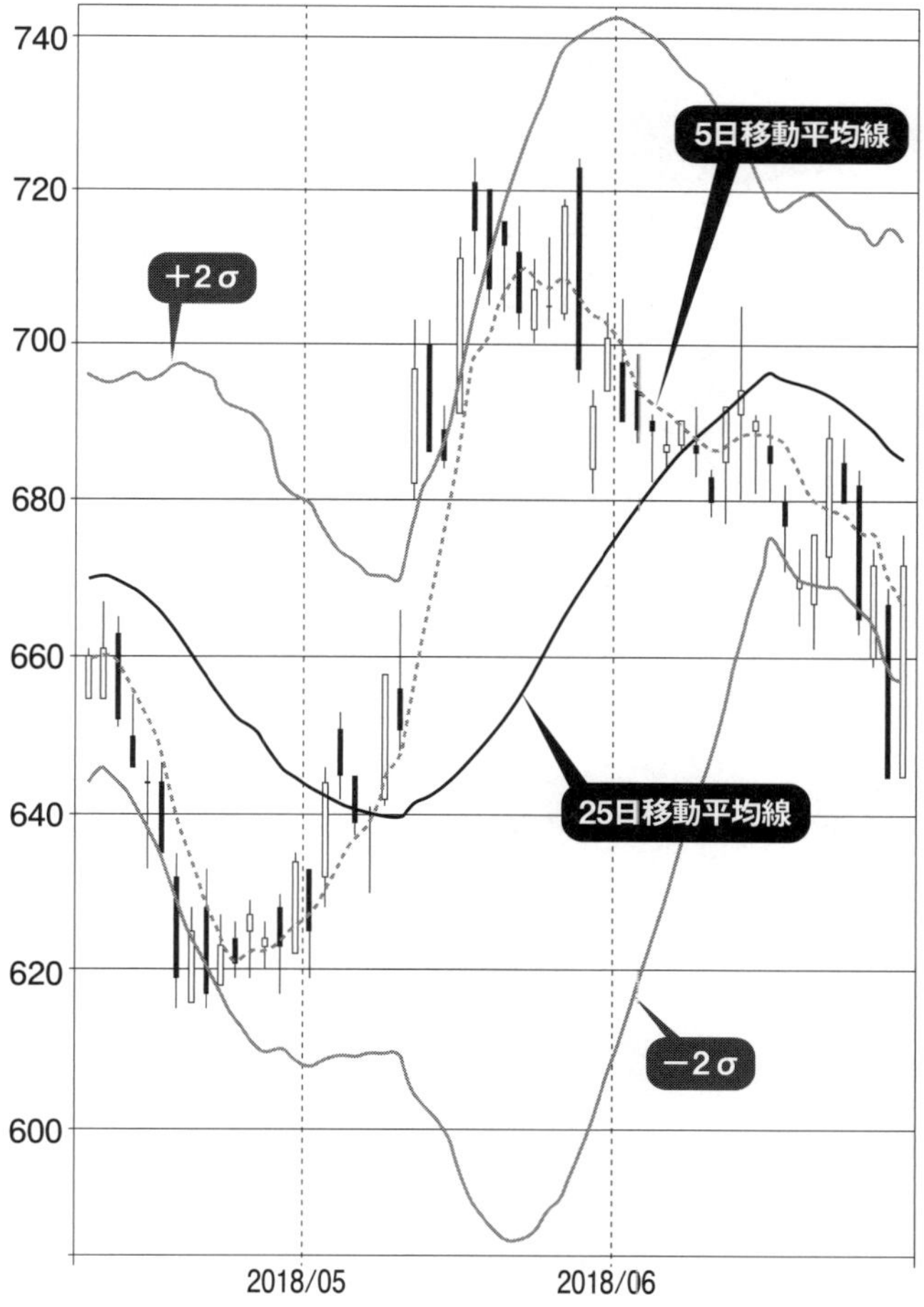

●日足チャート

【解答】

Cのところ

【解説】

ヒントのとおりに、チャートからポイントを探していけば、簡単にわかったはずです。

条件1……Aのところを見てください。株価が急騰してボリンジャーバンド「＋２σ」を上抜けしています。

条件2……Bのところで、株価が反落しています。

条件3……Cのところで、長めの陽線で反発。終値は5日移動平均線（６８６円）の上になっています。

これで条件をすべてクリアしました。買いポジションを持つタイミングです。

買値は７１１円。翌日の始値は７２１円。前日比10円高でした。

解答3-1

ケネディクス（東証1部4321）

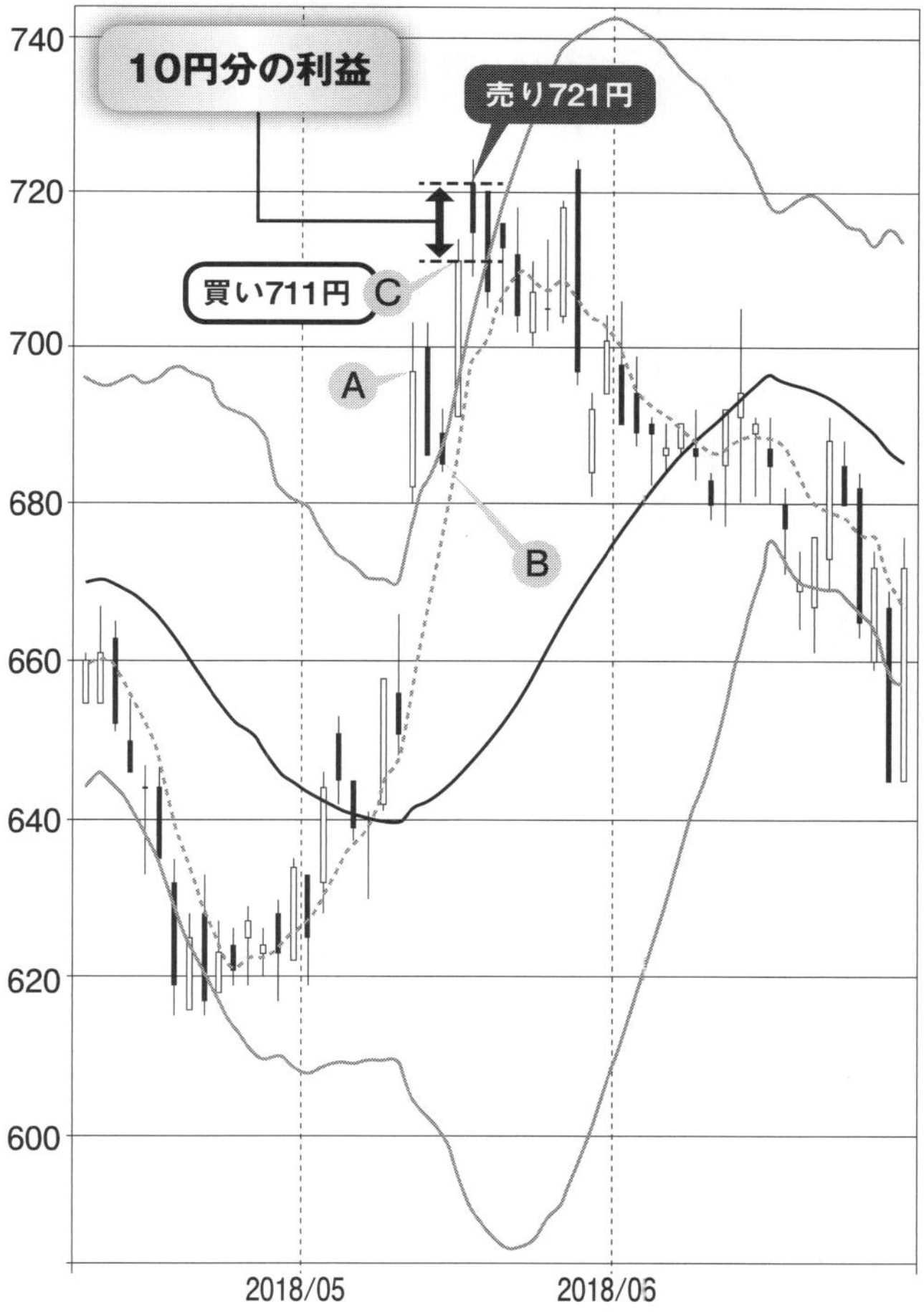

●日足チャート

8 長めの上ヒゲを終値が上抜いたら買う

上昇の勢いがあるサイン

ここからはもう1つの買いパターンを紹介します。

前のパターンと同じように、急騰した銘柄を狙います。反発を確認してから入るということも同じなのですが、少し違った形で入ります。

具体的なローソク足の形は、以下のとおりです。

長めの上ヒゲの高値を終値が上抜く

上ヒゲとは、陽線の場合は「終値から高値の部分」のこと、陰線の場合は「始値から高値の部分」のことです。

一般的に、上ヒゲは高値から押し戻された形なので、「売り圧力」を表します。**上ヒゲが長ければ長いほど、売り圧力が強かったことを表しています**。実際、長い上ヒゲが出た後に株価が下落することはよくあることです。

急騰後に長めの上ヒゲが出ると、多くの投資家・トレーダーは警戒して上値を買いにくくなります。

それにもかかわらず、上ヒゲの高値を終値が抜くということは、それなりに上昇の勢いがあるということです。

急騰した銘柄の株価の動向に注目し、買うタイミングをうかがっていた投資家・トレーダーは買ってくる可能性が高くなります。

理想としては、あまり深押ししていないほうがいいです。

ボリンジャーバンドの「＋2σ」を上抜けした後、5日移動平均線を割ることなく上ヒゲの高値を抜いたほうがいいです。この形であれば、上昇の勢いを保っているといえるからです。

ただ、5日移動平均線を割り込んでも、あまり深押ししていなければ、問題ありません。

9 まとめ 上ヒゲが高値抜けする3つの条件

この条件のときに終値でポジションを持つ

では、「長めの上ヒゲの高値抜けパターン」の買い条件についてまとめます。長めの上ヒゲの高値抜けパターンの条件は以下のとおりです。

条件1……**株価がボリンジャーバンドの「＋2σ」を上抜けて大きく上昇する。**

条件2……**長めの上ヒゲが出る。**

条件3……**終値が長めの上ヒゲの高値を上抜ける（抜けそう）。**

この条件に該当する終値でポジションを持ちます。大引けで買うわけです。

図3-2 長めの上ヒゲの高値抜けパターンの買い条件

条件 1
株価がボリンジャーバンドの
「+2σ」を上抜けて大きく上昇する

↓

条件 2
長めの上ヒゲが出る

↓

条件 3
終値が長めの上ヒゲの高値を
上抜ける（抜けそう）

↓

3つの条件をすべてクリアしたら、
「条件3」のローソク足の終値で買う

10 レカム

実例解説3-3のチャートは、レカム（東証ジャスダック3323）の日足チャートです。

条件1……Aのところを見てください。株価が急騰してボリンジャーバンド「＋2σ」を上抜けしています。

条件2……Bのところで、長めの上ヒゲが出ています。

条件3……Cのところで、終値が長めの上ヒゲの高値（262円）を上抜けました。

これで条件をすべてクリアしました。買いポジションを持つタイミングです。

買値は291円。翌日の始値は306円。前日比15円高でした。

上ヒゲが短いように見えますが、長いほうです。

実例解説3-3

レカム　（東証ジャスダック3323）

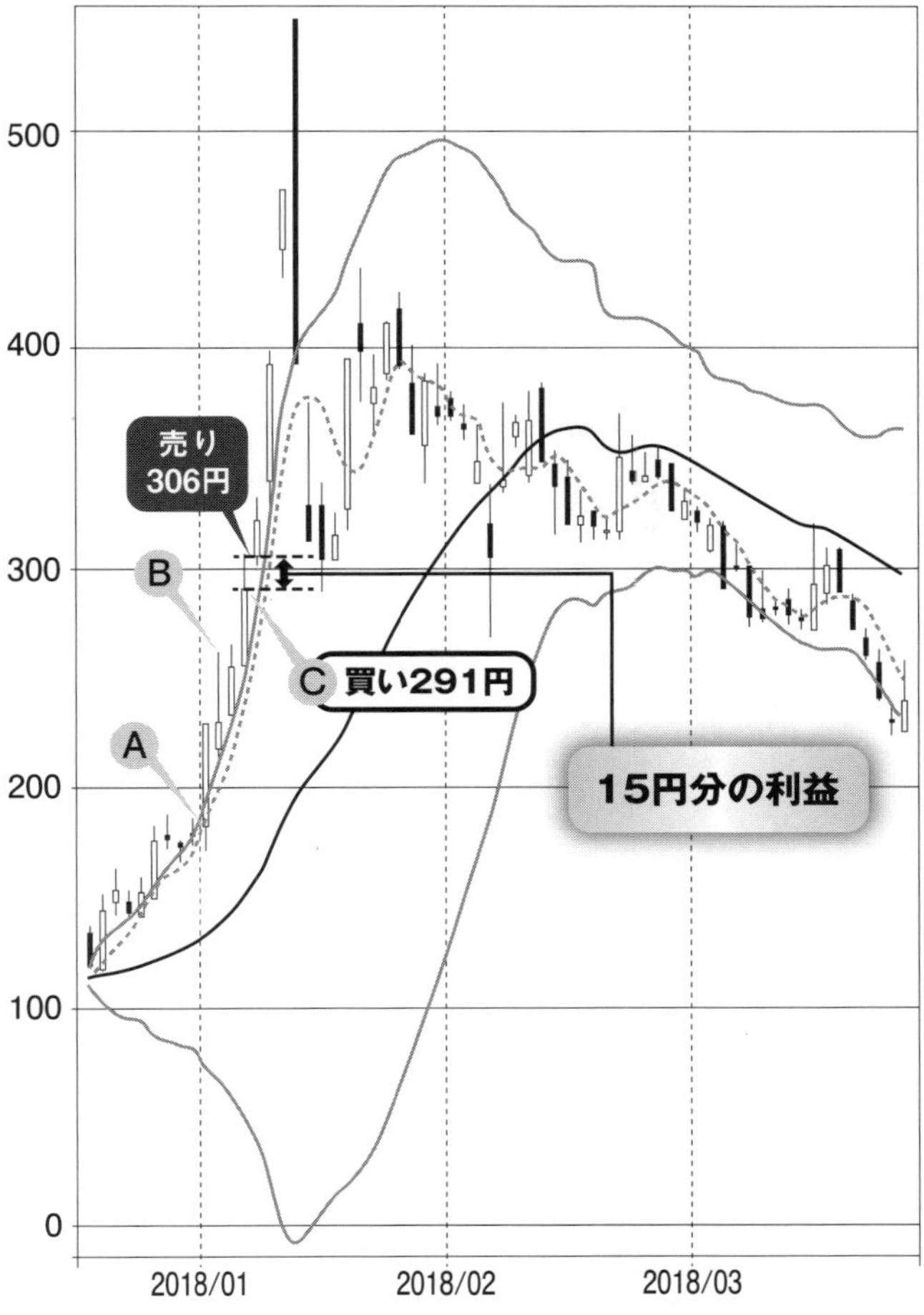

●日足チャート

11 ファンドクリエーショングループ

実例解説3-4のチャートは、ファンドクリエーショングループ（東証ジャスダック3266）の日足チャートです。

条件1……Aのところを見てください。株価が急騰してボリンジャーバンド「＋2σ」を上抜けしています。

条件2……Bのところで、長めの上ヒゲが出ています。

条件3……Cのところで、終値が長めの上ヒゲの高値（182円）を上抜けました。

これで条件をすべてクリアしました。買いポジションを持つタイミングです。**買値は191円。翌取引日の始値は200円。前日比9円高でした。**

Bのローソク足の前にも長めの上ヒゲが出ています。これらも含めて上抜けています。

実例解説3-4

ファンドクリエーショングループ（東証ジャスダック3266）

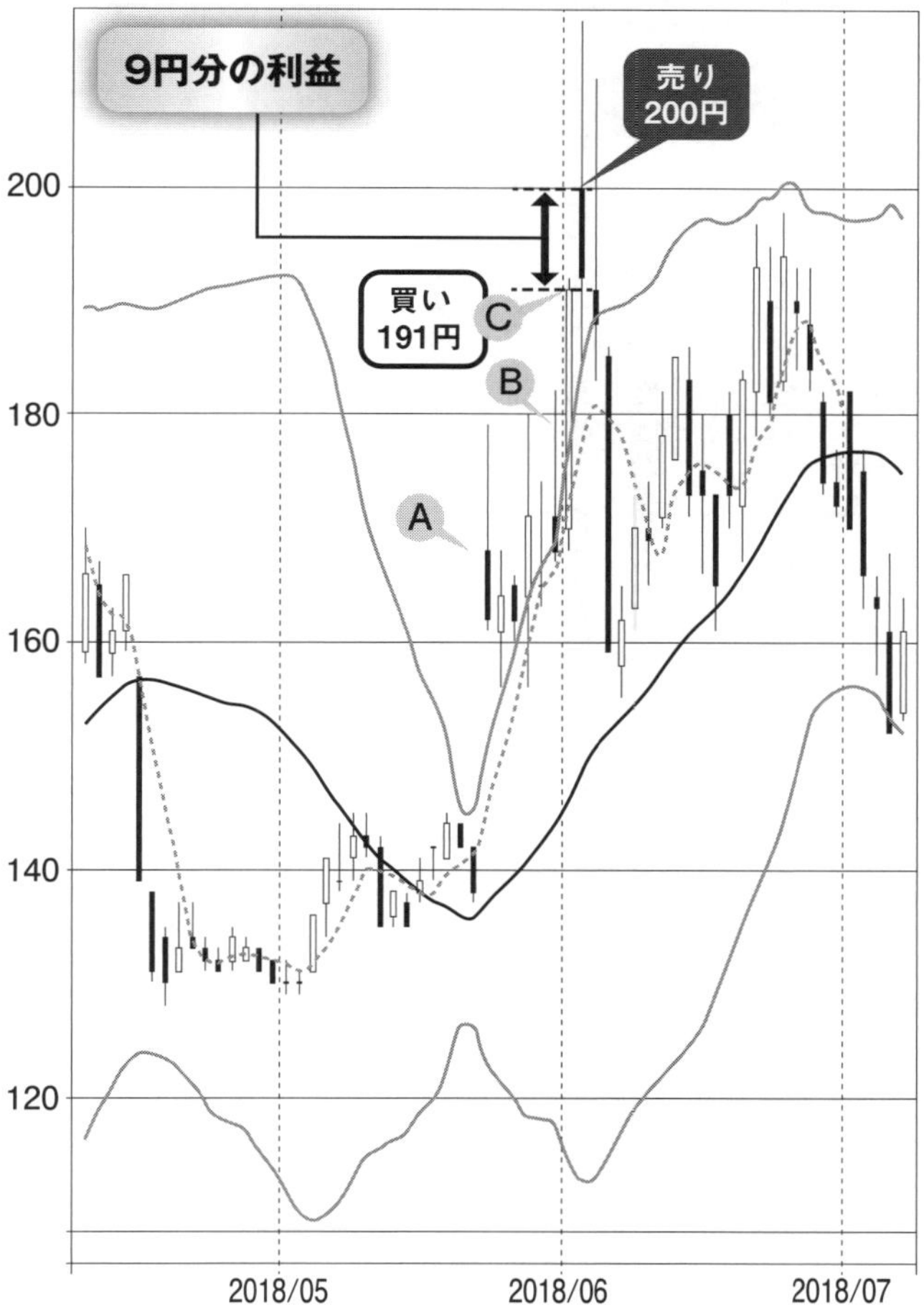

●日足チャート

12 ビジョナリーホールディングス

実例解説3-5のチャートは、ビジョナリーホールディングス（東証ジャスダック9263）の日足チャートです。

条件1……Aのところを見てください。株価が急騰してボリンジャーバンド「+2σ」を上抜けしています。

条件2……Bのところで、長めの上ヒゲが出ています。

条件3……Cのところで、終値が長めの上ヒゲの高値（118円）を上抜けました。

これで条件をすべてクリアしました。買いポジションを持つタイミングです。**買値は124円。翌日の始値は128円。前日比4円高でした。**Dのところで5日移動平均線を割り込んでいますが、深押しではないので、この程度なら問題ありません。

実例解説3-5

ビジョナリーホールディングス（東証ジャスダック9263）

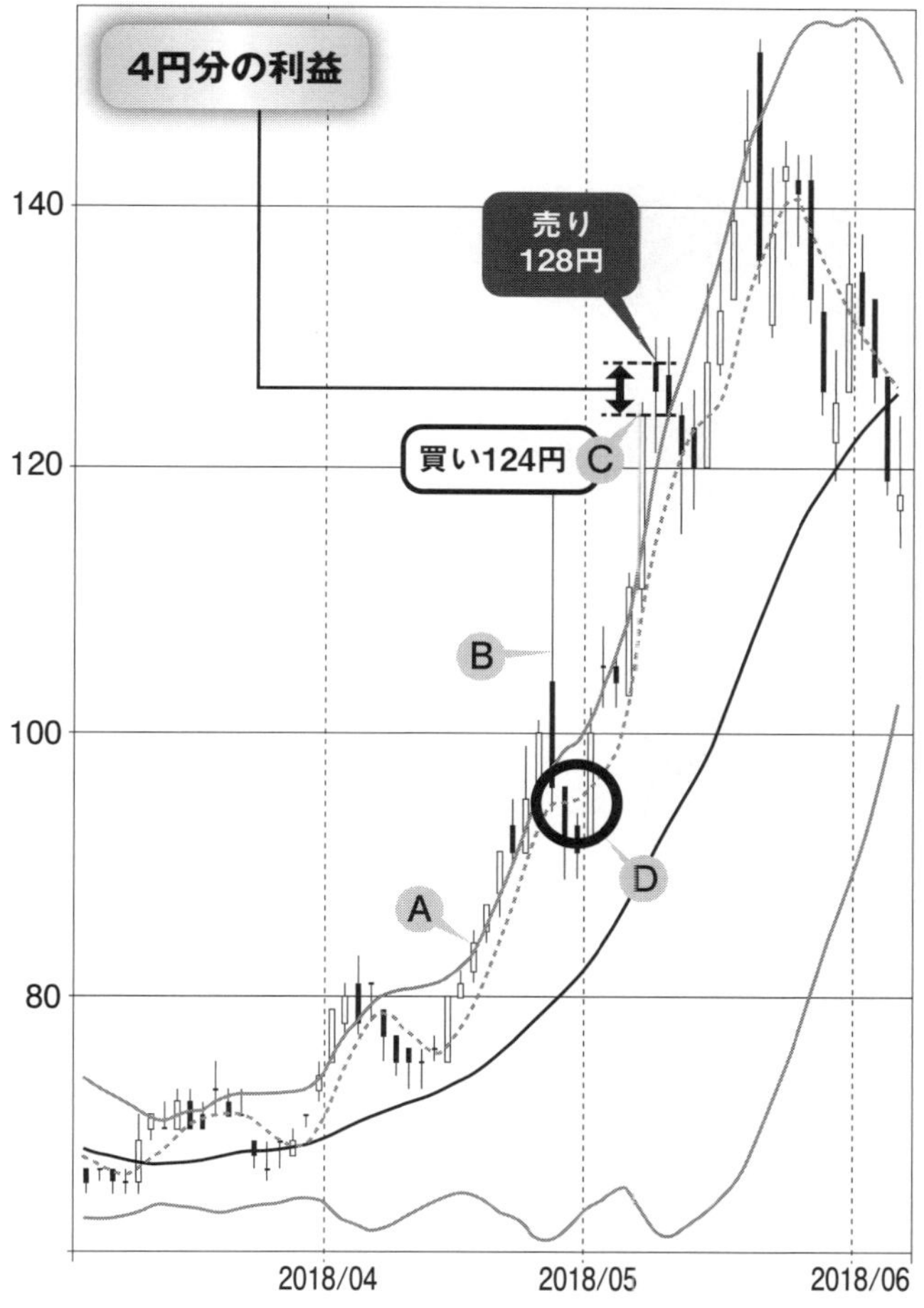

●日足チャート

13 ベリテ

演習問題3-2のチャートは、ベリテ（東証2部9904）の日足チャートです。この章で紹介している「長めの上ヒゲの高値抜けパターン」で買いポジションを持つところはどこでしょうか。

答えてください。

HINT!

まずは、急騰してボリンジャーバンドの「＋2σ」を上抜けしたところを探しましょう。
その後に長めの上ヒゲが出たところを探します。

演習問題3-2

ベリテ　（東証2部9904）

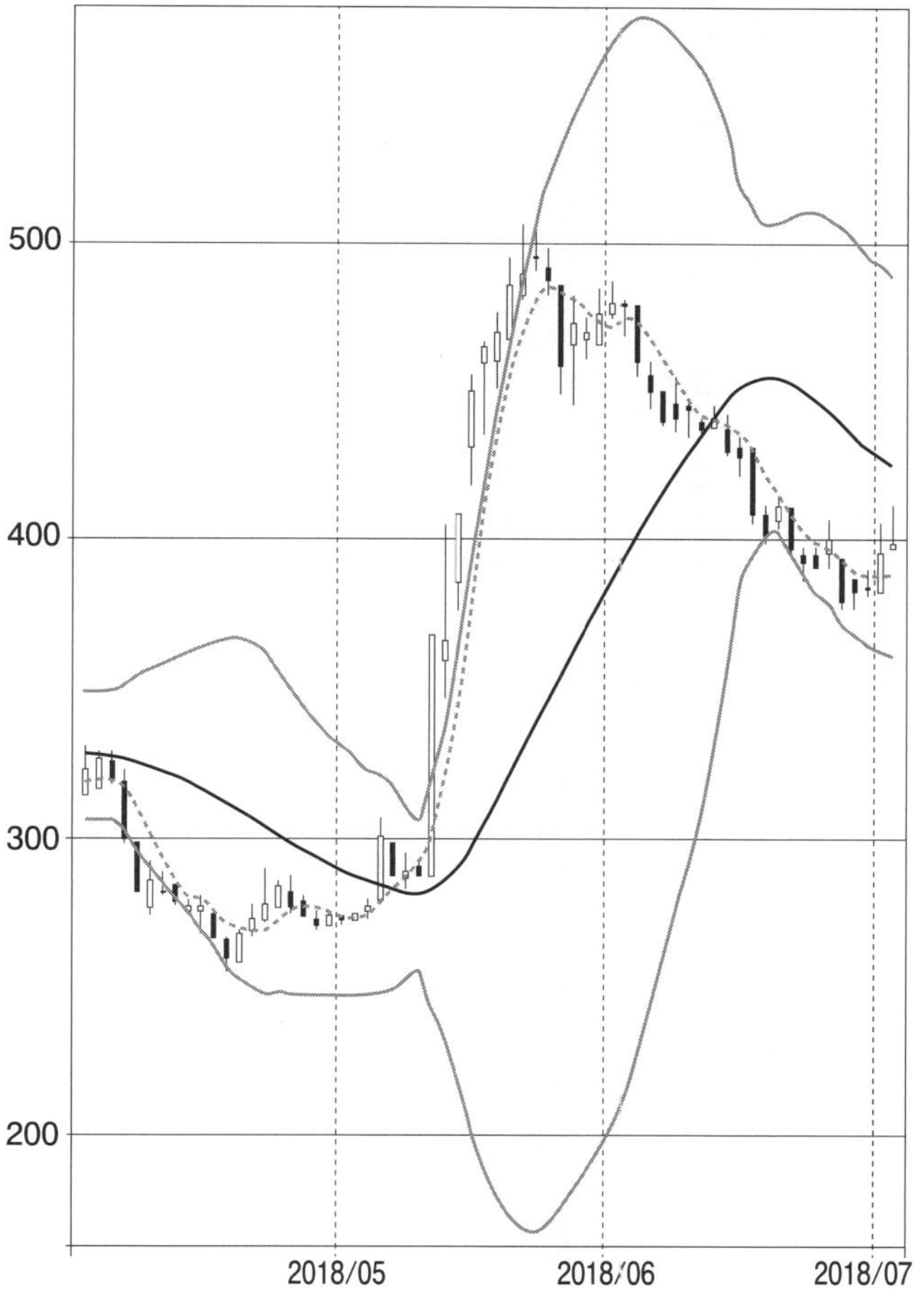

●日足チャート

【解答】

Cのところ

【解説】

ヒントのとおりに、急騰してボリンジャーバンドの「＋2σ」を上抜けしたところを探します。

条件1……Aのところを見てください。株価が急騰してボリンジャーバンド「＋2σ」を上抜けしています。

条件2……Bのところで、長めの上ヒゲが出ています。

条件3……Cのところで、終値が長めの上ヒゲの高値（404円）を上抜けました。

これで条件をすべてクリアしました。買いポジションを持つタイミングです。

買値は408円。翌日の始値は430円。前日比22円高でした。

長めの上ヒゲはBのところだけなので、すぐにわかったと思います。

解答3-2

ベリテ （東証2部9904）

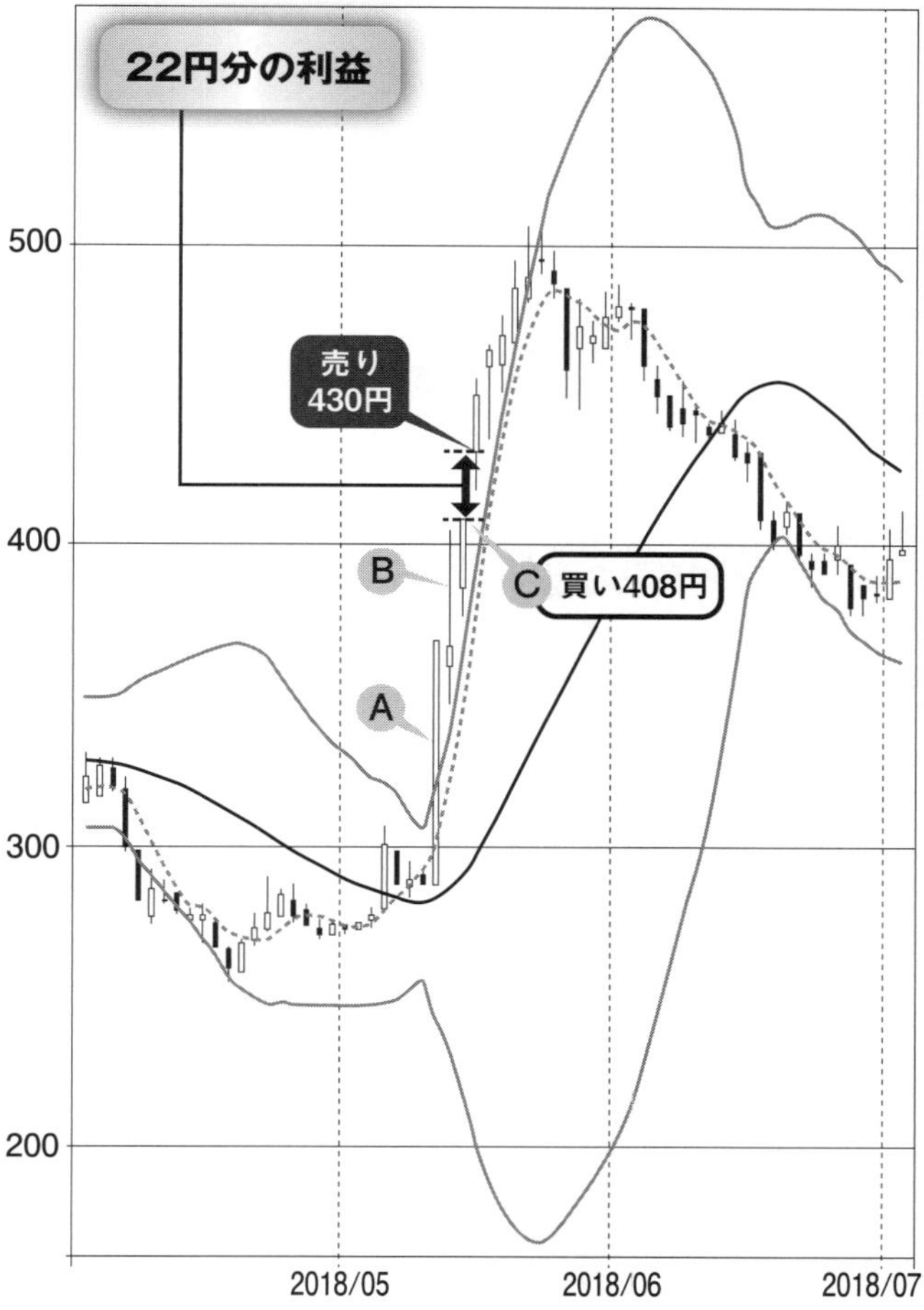

●日足チャート

第4章

銘柄選び②
売りポジションの作り方

――翌朝、値下がりする
銘柄の特徴はこれだ！

1 売りポジションでは上昇後の下落を狙う

翌日の値下がりが期待できる3つのパターン

この章では、売りポジションの銘柄の条件を説明します。第2章で述べたとおり、**売りポジションは信用取引の新規売り建てである「カラ売り」をします。**

当然のことですが、翌日に値下がりしそうな銘柄を選びます。

値下がりしそうなパターンはいくつかあります。大きく分けると以下の3つです。

①上昇した後の下落

②横ばいからの下落

③下落した後のさらなる下落

本書では、比較的、銘柄を見つけやすく、なおかつ、売買のタイミングを見極めやすい「①」のパターンの条件を紹介します。

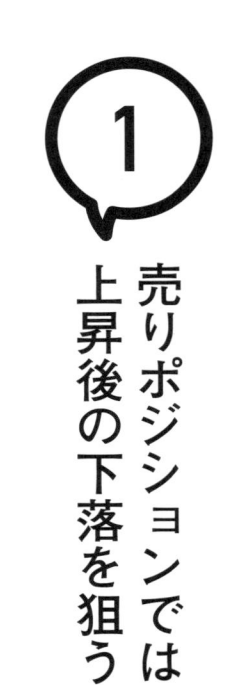

図4-1 値下がりパターン

❶ 上昇した後の下落

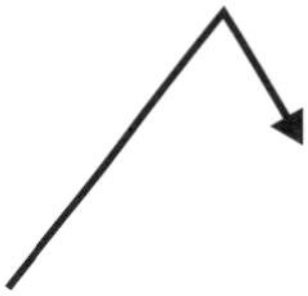

❷ 横ばいからの下落

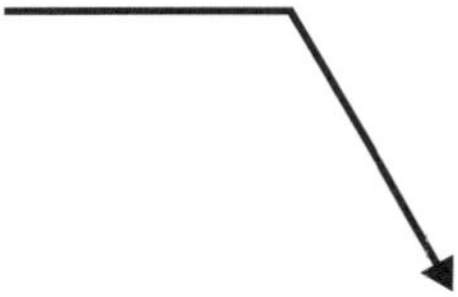

❸ 下落した後のさらなる下落

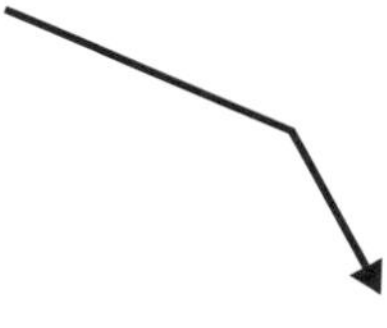

本書では、比較的、銘柄を見つけやすく、
なおかつ、売買のタイミングを見極めやすい
「①」のパターンの条件を紹介します

2 5日移動平均線を割り込んだらカラ売り

上昇した後の下落を見極める

狙っていくのは大きく上昇した後の下落です。

条件の見極めには、日足チャートを使います。日足チャートに、5日移動平均線とボリンジャーバンドを表示させます（直接必要ありませんが、25日移動平均線も表示させます）。

それぞれのテクニカル指標の役割を大まかに説明しておきます。

ボリンジャーバンド（＋2σ）……「大きく上昇した局面」を見極める
5日移動平均線……「上昇の勢いがなくなった状態」を見極める

ボリンジャーバンドは、「大きく上昇した局面」を見極めるのに使います。株価がボリンジャーバンドの「＋2σ」を上抜け、さらに上昇した状態が「大きく上昇した局面」です。

5日移動平均線は、「上昇の勢いがなくなった状態」を見極めるのに使います。大きく上昇しただけでは、まだ下落するかどうかわかりません。「上昇の勢いがなくなった状態」にならなければなりません。

株価が5日移動平均線を割り込んだら、「上昇の勢いがなくなった状態」といえます。そして、さらに勝率を上げるため、「勢いよく下落に転じた状況」に限定します。

チャートの形としては、「長めの陰線」と「下窓を開けた陰線」です。

長めの陰線……急落したことを表す
下窓を開けた陰線……寄り付きの時点で多くの売り注文があり、急落したことを表す

文章だけではピンとこないと思います。この後の実例解説で、「テクニカル指標の形」で理解し、覚えてください。

3 まとめ 売りポジション銘柄の3つの条件

この条件のときに終値でポジションを持つ

では、「長めの陰線・下窓による下落パターン」で銘柄を選ぶ条件とポジションを持つタイミングについてまとめます。まず、銘柄を選ぶ条件は以下のとおりです。

条件1……株価がボリンジャーバンドの「＋2σ」を上抜けしてさらに上昇する。
条件2……株価が反落し、長めの陰線、または下窓を開けた陰線が出る。
条件3……終値が5日移動平均線を割り込む（割り込みそう）。

この条件に該当する終値でポジションを持ちます。

「条件3」をクリアするローソク足の終値（大引け）でカラ売りをするということです。

図4-2 売りポジションとなる銘柄の条件

条件1 株価がボリンジャーバンドの+2σを上抜けしてさらに上昇する

↓

条件2 株価が反落し、長めの陰線、または下窓を開けた陰線が出る

↓

条件3 終値が5日移動平均線を割り込む（割り込みそう）

↓

3つの条件をすべてクリアしたら、「条件3」のローソク足の終値でカラ売りをする

4 日本水産

実例解説4-1のチャートは、日本水産（東証1部1332）の日足チャートです。

条件1……Aのところを見てください。株価がボリンジャーバンドの「＋2σ」を上抜けしてさらに上昇しています。

条件2……Bのところで、株価が反落し、長めの陰線が出ました。

条件3……Cのところで、終値が5日移動平均線（598・4円）を割り込みました。

これで条件をすべてクリアしました。カラ売りを仕掛けるタイミングです。

売値は585円。翌日の始値は572円。前日比13円安でした。

実例解説4-1

日本水産 （東証1部1332）

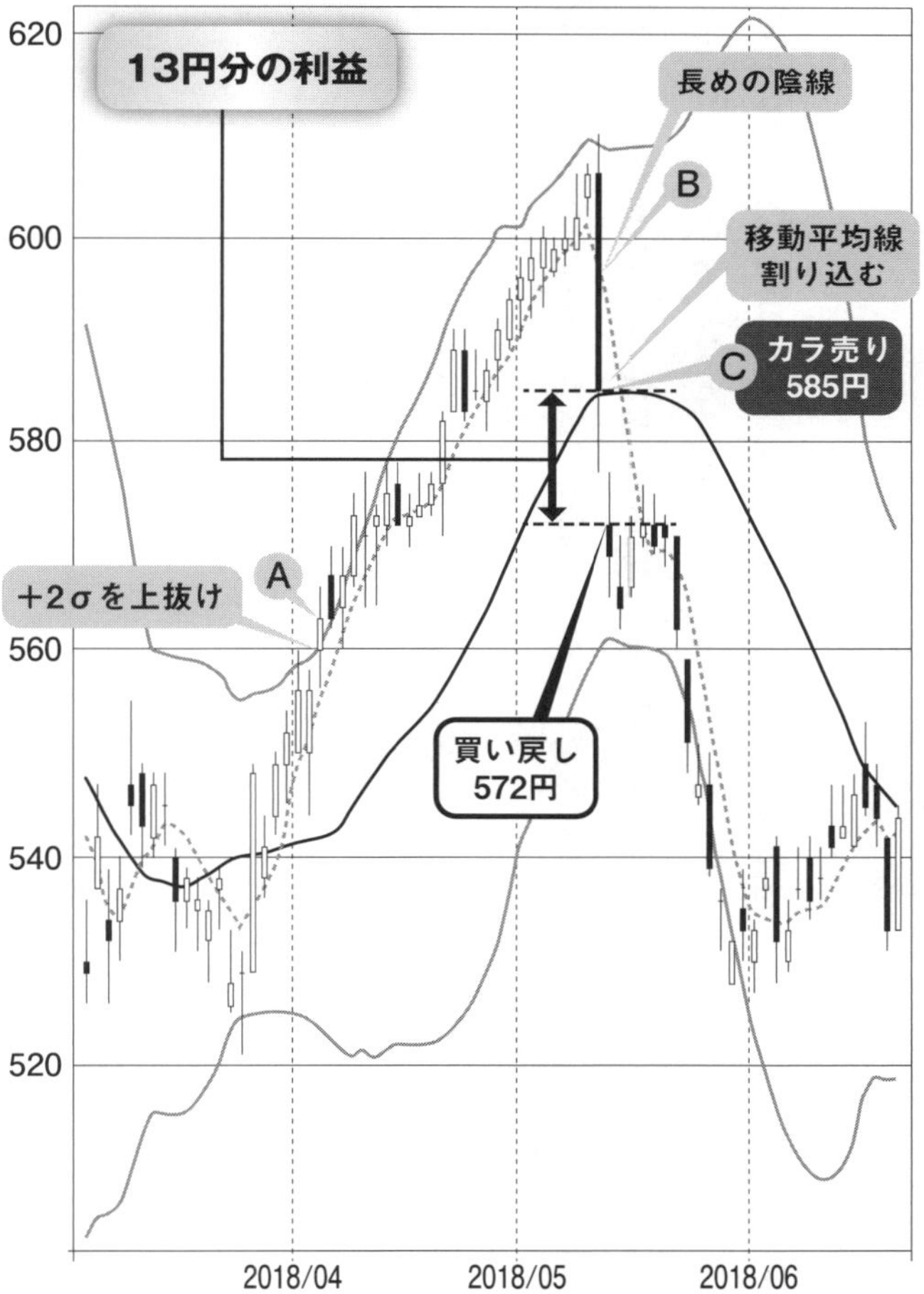

●日足チャート

5 住友ベークライト

実例解説4-2のチャートは、住友ベークライト（東証1部4203）の日足チャートです。

条件1……Aのところを見てください。株価がボリンジャーバンドの「+2σ」を上抜けしてさらに上昇しています。

条件2……Bのところで、株価が反落し、長めの陰線が出ました。

条件3……Cのところで、終値が5日移動平均線（1102・4円）を割り込みました。

これで条件をすべてクリアしました。カラ売りを仕掛けるタイミングです。

売値は1090円。翌日の始値は1049円。前日比41円安でした。

実例解説4-2

住友ベークライト　（東証1部4203）

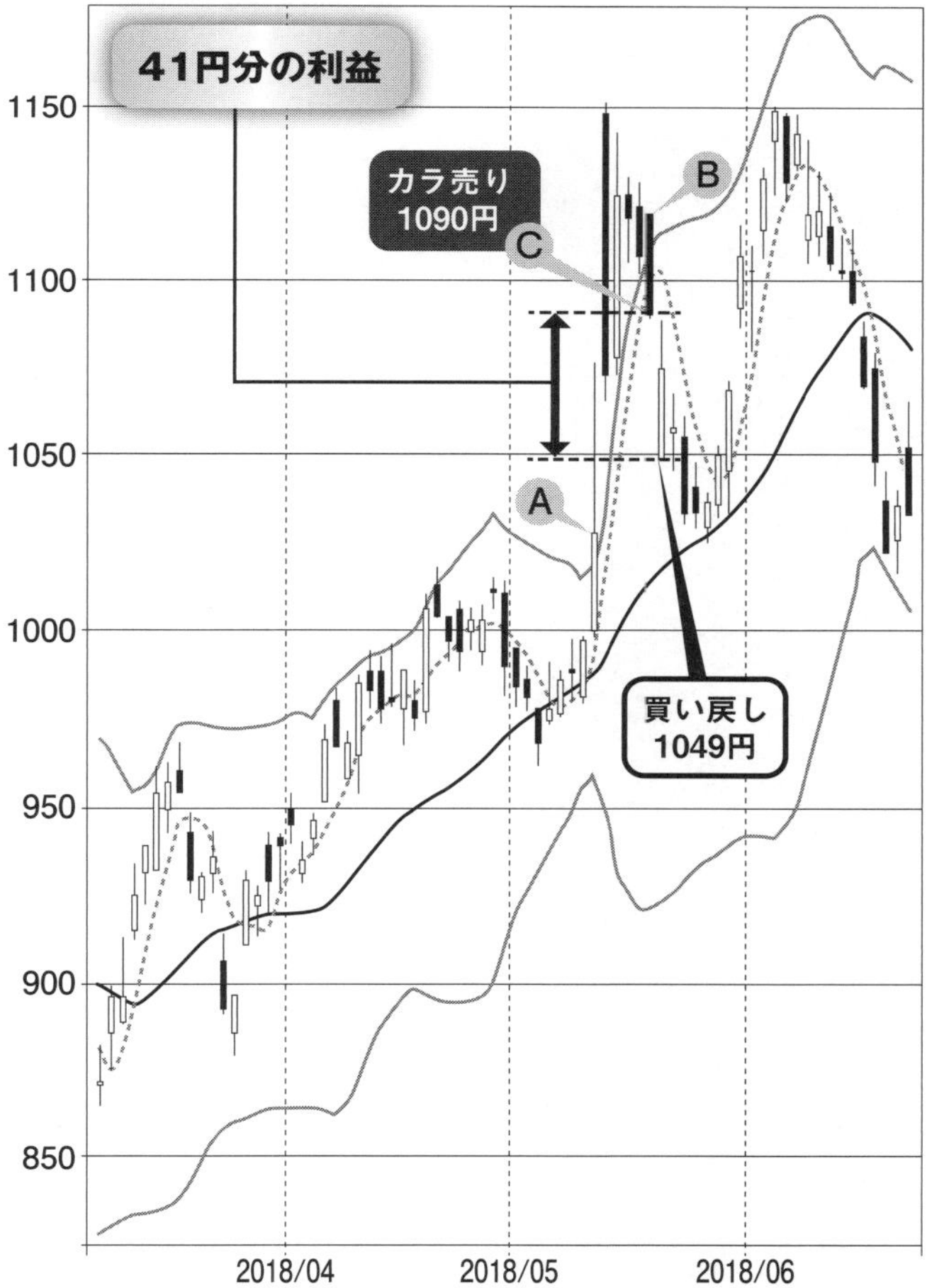

●日足チャート

6 エバラ食品工業

演習問題4-1のチャートは、エバラ食品工業（東証1部2819）の日足チャートです。

この章で紹介している「長めの陰線・下窓による下落パターン」で売りポジションを持つところはどこでしょうか。

1箇所、答えてください。

HINT!

株価がボリンジャーバンドの「＋2σ」を上抜けしてさらに上昇した後、終値が5日移動平均線を割り込んだところを探します。

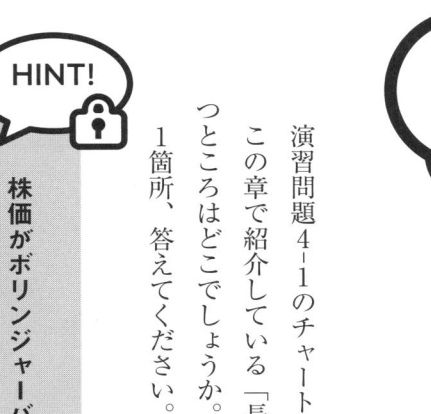

演習問題4-1

エバラ食品工業 （東証1部2819）

●日足チャート

【解答】

Cのところ

【解説】

条件1……Aのところを見てください。株価がボリンジャーバンドの「＋2σ」を上抜けしてさらに上昇しています。

条件2……Bのところで、株価が反落し、長めの陰線が出ました。

条件3……Cのところで、終値が5日移動平均線（2445・6円）を割り込みました。

これで条件をすべてクリアしました。Cのところで、カラ売りを仕掛けます。**売値は2391円。翌取引日の始値は2337円。前日比54円安でした。**

この問題は少し難しかったかもしれません。

株価がボリンジャーバンドの「＋2σ」を上抜けしてさらに上昇した後、終値が5日移動平均線を割り込んだところを探していくと、Bがわかります。

解答4-1

エバラ食品工業 （東証1部2819）

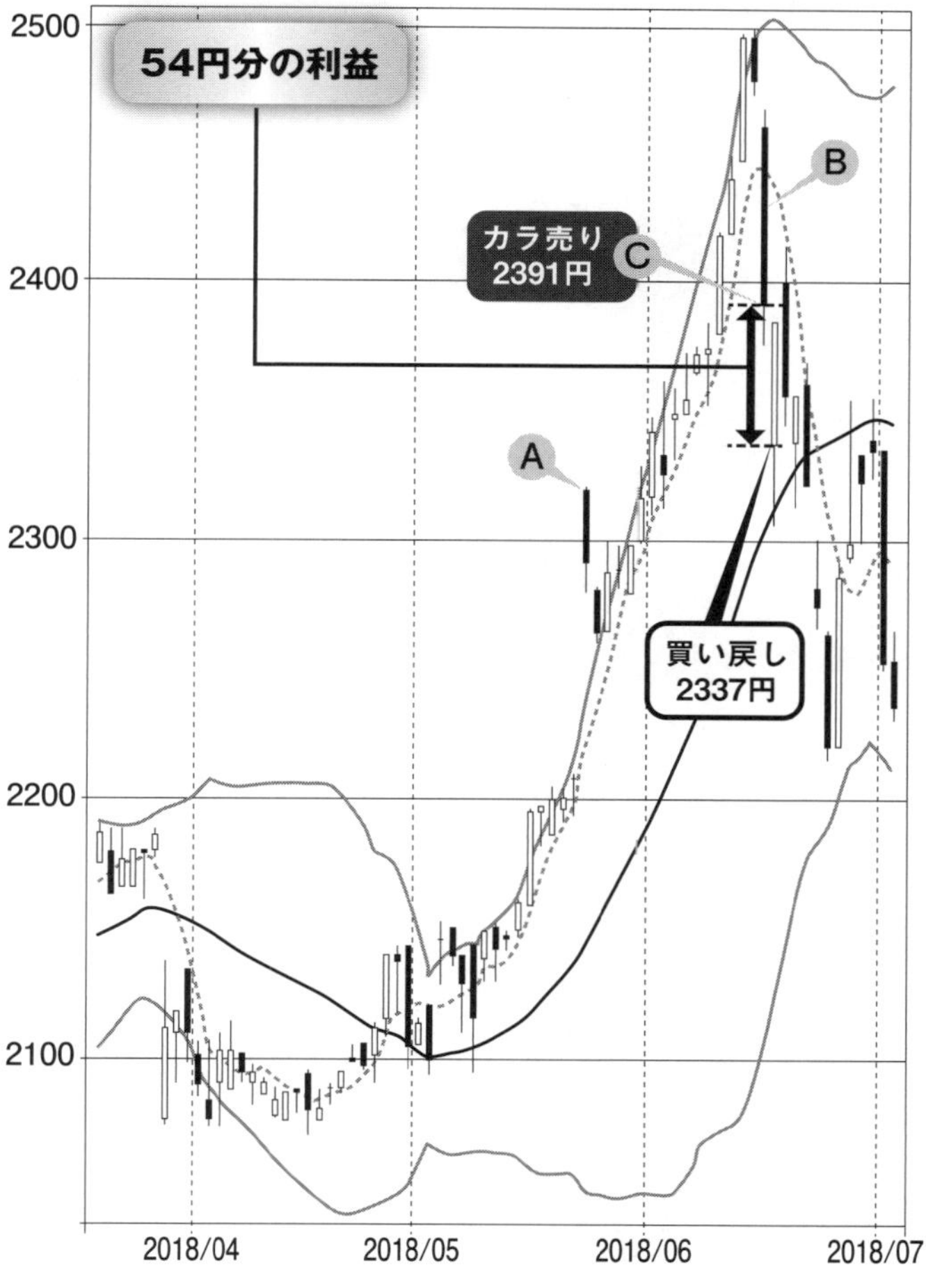

●日足チャート

第5章

銘柄選び③
ストップ高の持ち越しで大きな利益を狙おう！

1 大きな利益が出る年数回のチャンス

ストップ高の持ち越し投資

この章では、オーバーナイト投資術の「ストップ高の持ち越しパターン」を紹介します。**リスク管理は難しいのですが、銘柄によってはかなり大きな利益を得ることができます。年に何回かは、1回のトレードでとんでもない利益が出ます。**

まずは、「ストップ高」について説明しましょう。

株価は、1日における値幅の上限が決まっています。これは前日の終値に対して、上限が決まります。たとえば、前日の終値が300円だったとします。この株価水準での値幅制限は80円です。当日の株価はどんなに株が買われても380円までしか上がりません。これよりも高い株価にはならないわけです。

ストップ高とは、この「当日の上限」のことです。

図5-1 値幅制限

基準価格（前日の終値）			制限される上下の値幅
	～	100円未満	30円
100円以上	～	200円未満	50円
200円以上	～	500円未満	80円
500円以上	～	700円未満	100円
700円以上	～	1,000円未満	150円
1,000円以上	～	1,500円未満	300円
1,500円以上	～	2,000円未満	400円
2,000円以上	～	3,000円未満	500円
3,000円以上	～	5,000円未満	700円
5,000円以上	～	7,000円未満	1,000円
7,000円以上	～	10,000円未満	1,500円
10,000円以上	～	15,000円未満	3,000円
15,000円以上	～	20,000円未満	4,000円
20,000円以上	～	30,000円未満	5,000円
30,000円以上	～	50,000円未満	7,000円
50,000円以上	～	70,000円未満	10,000円
70,000円以上	～	100,000円未満	15,000円
100,000円以上	～	150,000円未満	30,000円
150,000円以上	～	200,000円未満	40,000円
200,000円以上	～	300,000円未満	50,000円
300,000円以上	～	500,000円未満	70,000円
500,000円以上	～	700,000円未満	100,000円
700,000円以上	～	1,000,000円未満	150,000円

2 ストップ高銘柄の探し方

値上がり率ランキングと市況情報

ストップ高まで上昇した銘柄はどのようにして探せばよいのでしょうか。探し方は2通りあります。

①値上がり率ランキングで探す
②市況情報で探す

1つ目の方法は、第2章で紹介した値上がり率ランキングを使った方法です。

ストップ高まで上昇するということは、前日の終値に比べてかなり高くなっています。当然、値上がり率ランキングの上位にランクインしてくるわけです。

図5-2 ストップ高銘柄の探し方

①値上がり率ランキングで探す

	コード	銘柄名	市場	業種	現在値		前日比	騰落率	売買高	売買代金
1	1689/T	ガスETF	東証	その他	4	(09:41)	+1	+33.33%	228	0.684
2	9909/T	愛光電	東証JQｽﾀﾝﾀﾞｰﾄﾞ	卸売業	4445	(09:41)	+635	+16.66%	6.2	27.686
3	2586/T	ﾌﾙｯﾀﾌﾙｯﾀ	東証ﾏｻﾞｰｽﾞ	食料品	701	(09:44)	+96	+15.86%	121.1	83.607
4	3804/T	ｼｽﾃﾑﾃﾞｨ	東証JQｽﾀﾝﾀﾞｰﾄﾞ	情報・通信業	757	(09:29)	+100	+15.22%	138	103.574
5	4745/T	東京個別	東証１部	サービス業	1152	(09:44)	+140	+13.83%	324.2	364.481
6	6658/T	ｼﾗｲ電子	東証JQｽﾀﾝﾀﾞｰﾄﾞ	電気機器	453	(09:45)	+54	+13.53%	313.9	141.083
7	2467/M	ﾊﾞﾙｸHD	名証ｾﾝﾄﾚｯｸｽ	サービス業	948	(09:45)	+100	+11.79%	465	436.059
8	3782/T	ＤＤＳ	東証ﾏｻﾞｰｽﾞ	情報・通信業	525	(09:45)	+54	+11.46%	1322.9	712.907
9	2338/T	Fastep	東証２部	情報・通信業	614	(09:45)	+60	+10.83%	298.4	179.934
10	8023/T	大興通	東証２部	卸売業	715	(09:45)	+67	+10.33%	89.7	65.081
11	4689/T	ヤフー	東証１部	情報・通信業	396	(09:45)	+36	+10.00%	36676.2	14363.942
12	9318/T	ｱｼﾞｱ開発	東証２部	証券商品先物	11	(09:32)	+1	+10.00%	1783.9	17.839
13	4574/T	大幸薬品	東証１部	医薬品	2215	(09:44)	+199	+9.87%	109.4	250.709
14	2693/T	ＹＫＴ	東証JQｽﾀﾝﾀﾞｰﾄﾞ	卸売業	484	(09:45)	+42	+9.50%	1041	503.414
15	3803/T	ｲﾒｰｼﾞINF	東証JQｸﾞﾛｰｽ	情報・通信業	893	(09:42)	+73	+8.90%	1.4	1.269

ランキングの上位からストップ高になりそうな銘柄を探す

②市況情報で探す

事象	時刻	銘柄	価格	
最安値	10:55	ｲｰｻﾎﾟｰﾄ	998	T
新安値	10:55	ｲｰｻﾎﾟｰﾄ	998	T
ストップ高	10:53	大村紙業	1453	T
新安値	10:51	文教堂HD	332	T
新安値	10:49	ｴｺﾄﾚﾃﾞｨﾝ	690	T
新安値	10:48	ﾊﾟｰｶｰ	530	T

ストップ高になった銘柄が表示される

（出所）
値上がり率ランキング：松井証券「QUICK情報」
市況情報：松井証券「ネットストックトレーダー」

前日の終値からストップ高の価格を割り出して現在の株価と比べれば、ストップ高か、ストップ高になりそうか、わかります。

2つ目の方法は、市況情報を使った方法です。

ネット証券によっては、市況情報をリアルタイムで流しています。**市況情報とは、市況に関わるニュースのことです。この情報の中に、ストップ高銘柄の情報もあります。**

では、値上がり率ランキングを使う方法と市況情報を使う方法では、どちらがよいのでしょうか。これは値上がり率ランキングを使う方法です。

市況情報の場合、ストップ高になった後、情報が流れます。そのため、情報を見てから買い注文を出しても株を買えないことがよくあります。

値上がり率ランキングの場合、頻繁に見ることで、ストップ高になりそうな状況の銘柄を把握することができます。そのため、ストップ高になると同時に買い注文を出すことができ、株を買える確率が高くなるわけです。

私自身は、値上がり率ランキングを使う方法と市況情報を使う方法の両方でストップ高銘柄の情報を集めています。

3 ストップ高銘柄はどのタイミングで買うのか？

「ストップ高の持ち越しパターン」の買うタイミングは、大引けではありません。

では、ストップ高銘柄の持ち越しトレードは、いつ買えばよいのでしょうか。

株を買うタイミングの候補は、4通りあります。

4つのタイミング

①ストップ高の数ティック下まで上がってきたとき
②ストップ高になった瞬間
③ストップ高に張り付いた後
④比例配分

「①」の場合は、たとえば、ストップ高が５００円なら４９７～４９９円くらいで買います。ストップ高の値段よりも数ティック下で買うわけです。

高い確率で買えますが、ストップ高にならないこともあります。４９９円で買って、そこから株価が下がってしまうこともあるわけです。

「②」の場合は、ストップ高が５００円なら５００円で買います。ストップ高の値段で買うわけです。

必ず買えるとは限りません。ストップ高になった瞬間に多くの買い注文が入ってくることがあるので、必ず買えるとは限らないわけです。

「③」は、ストップ高に張り付くのを見極めて買います。

ストップ高に張り付くとは、売り注文に対して買い注文が多く、取引が成立せずに気配値となっている状態のこと。ストップ高になった後、買い注文がたくさん出て取引が成立していない状態のことです。

この場合、翌日はギャップアップする確率が高いといえます。

ただし、買い注文を出しても再び寄り付かないと株を買うことができません。再び寄り付くことを期待して注文を入れます。

「④」は、比例配分での買いです。

比例配分とは、ストップ高の株価で売買を成立させ、成立した株数を各証券会社に対して発注数量に比例して配分すること。証券会社から注文を出した投資家への割り当ては、各社の社内ルールに基づいて行われます。

なかなか買えませんが、買えればかなりの確率で利益を得ることができます。

以上の4つのタイミングがあります。

「④」の比例配分で買いたいところですが、なかなか買えないことを考えると、現実的ではありません。

現実的なのは、「①〜③」です。

本書では、「②」のタイミングで買うことにします。

4 大きく下落したときは必ずロスカット

大きな損失は避ける

ストップ高になった瞬間に株を買うと、その後、ストップ高に張り付かず、下落してしまう可能性があります。図5-3のチャートは、デジタルアドベンチャー（東証ジャスダック4772）の5分足チャートです。

前取引日の終値は410円です。この価格帯の値幅制限は80円なので、この日のストップ高は490円になります。

Aのところで、株価が490円まで上昇しました。買いのタイミングです。

しかし、株価は443円まで下落してしまいました。株を持ち続けていれば大きな損失が出たはずです。

このように大きく下落することもありますので、必ずロスカットしてください。

図5-3 下落したときは必ずロスカット

● デジタルアドベンチャー(東証ジャスダック4772) 5分足チャート

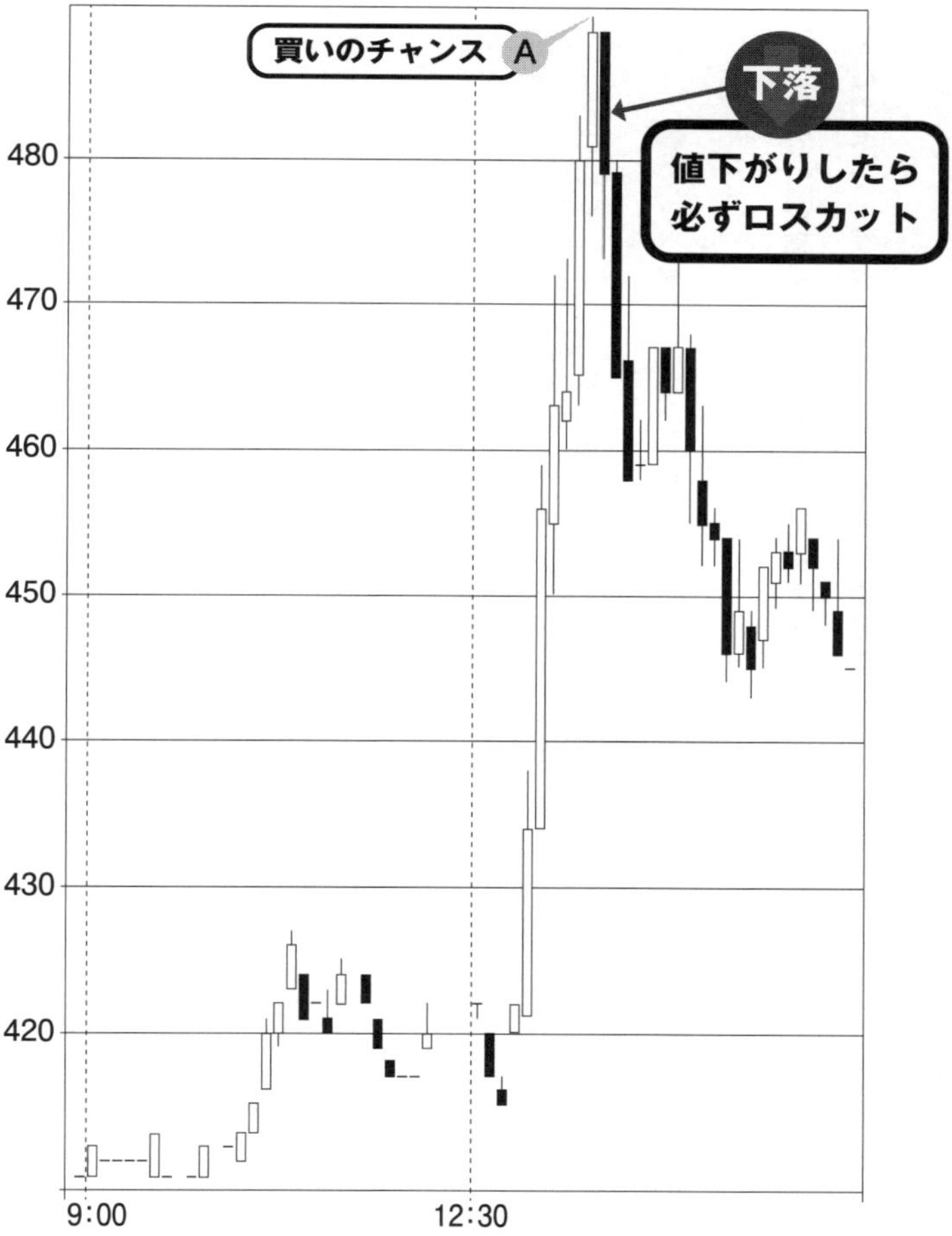

5 地域新聞社

では、ストップ高の持ち越しパターンについて、実例を使って解説していきましょう。

実例解説5-1のチャートは、地域新聞社（東証ジャスダック2164）の5分足チャートです。

前取引日の終値は448円です。この価格帯の値幅制限は80円なので、この日のストップ高は528円になります。

Aのところで、株価が528円のストップ高まで上昇しました。ここで買います。

翌日、寄り付きでギャップアップしました。始値は565円。前日の終値よりも37円値上がりしました。

この銘柄は1日の出来高が極めて少ない銘柄です。こういった銘柄は、ストップ高に張り付くと、翌日、ギャップアップする確率がかなり高くなります。

実例解説5-1

地域新聞社 （東証ジャスダック2164）

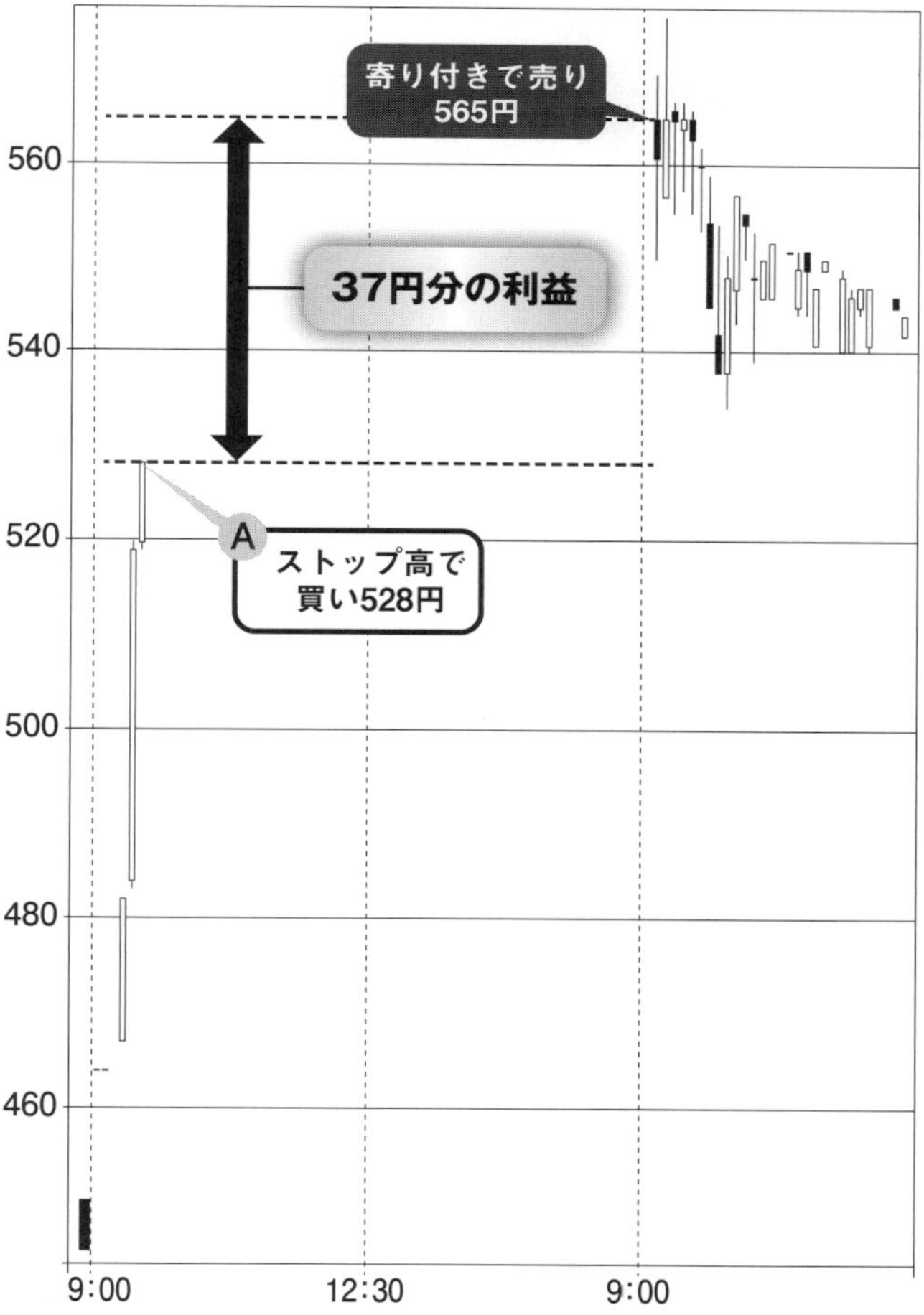

●5分足チャート

6 UMNファーマ

実例解説5-2のチャートは、UMNファーマ（東証マザーズ4585）の5分足チャートです。

前日の終値は351円です。この価格帯の値幅制限は80円なので、この日のストップ高は431円になります。

Aのところで、株価が431円のストップ高まで上昇しました。買いのタイミングです。

しかし、すぐに株価が下落してしまいました。**いったん、ロスカットします。**

その後、前引け間際のBのところで、再びストップ高まで上昇しました。**ここで再度買います。**

翌日、寄り付きでギャップアップしました。始値は455円。前日の終値よりも24円値上がりしました。

実例解説5-2

UMNファーマ　（東証マザーズ4585）

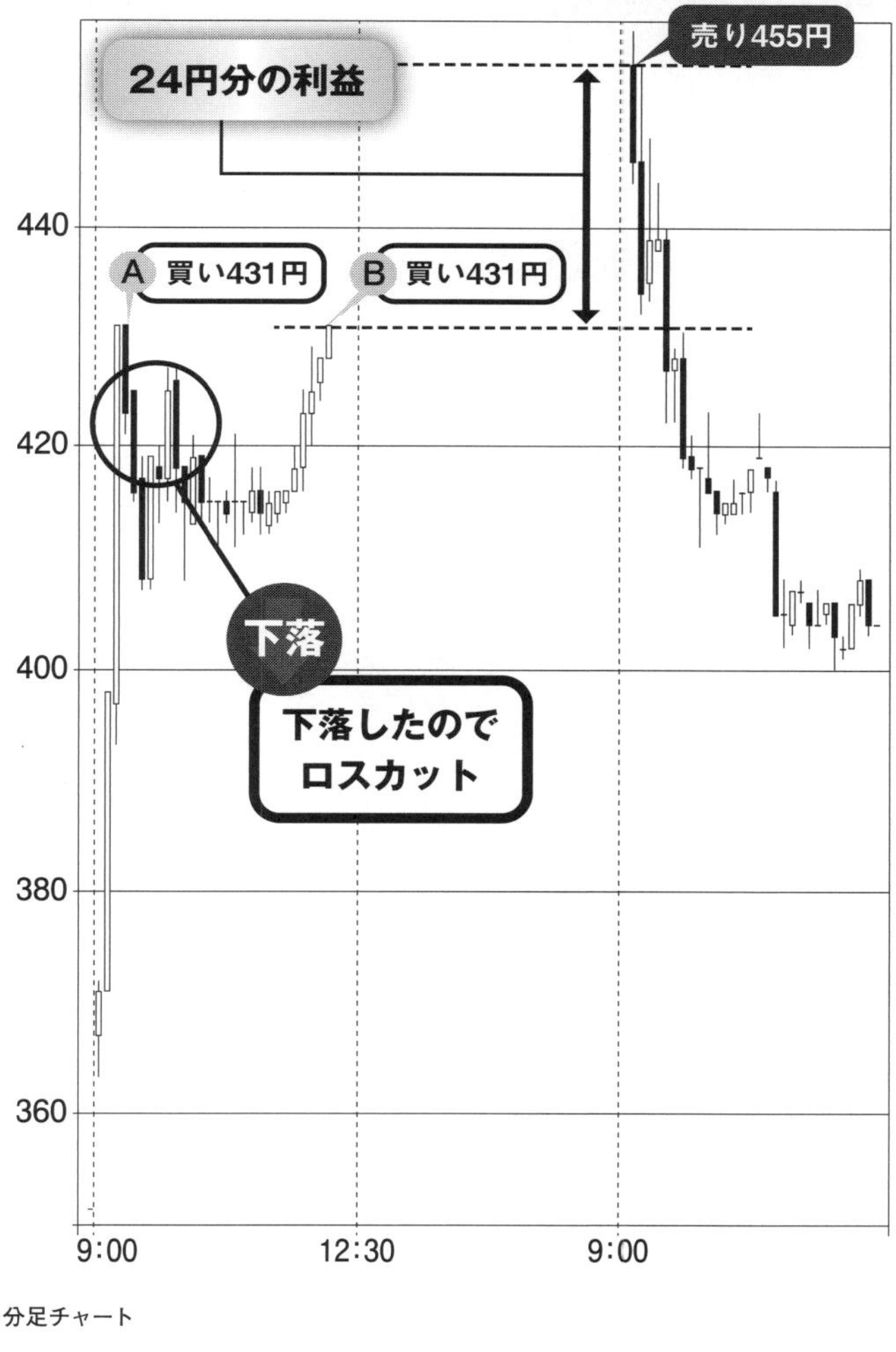

●5分足チャート

7 ALBERT

実例解説5-3のチャートは、ALBERT（東証マザーズ3906）の5分足チャートです。

前取引日の終値は5560円です。この価格帯の値幅制限は1000円なので、この日のストップ高は6560円になります。

Aのところで、株価が6560円のストップ高まで上昇しました。ここで買います。しかし、すぐに株価が下落してしまいました。**いったん、ロスカットします**。その後、Bのところで、再びストップ高まで上昇しました。**ここで再度買います**。買った後、また下落しますが、今度はロスカットするほどの下げではありません。ホールドです。**翌日、寄り付きでギャップアップしました。始値は6860円。前日の終値より300円値上がりしました。**

実例解説5-3

ALBERT （東証マザーズ3906）

●5分足チャート

8 岡藤ホールディングス

実例解説5-4①のチャートは、岡藤ホールディングス（東証ジャスダック8705）の5分足チャートです。

前日の終値は307円です。この価格帯の値幅制限は80円なので、この日のストップ高は387円になります。

Aのところで、株価が387円のストップ高まで上昇しました。買いのタイミングです。しかし、すぐに株価が下落してしまいました。**いったん、ロスカットします。**

その後、大引け間際のBのところで、再びストップ高の387円まで上昇しました。**ここでもう一度、買いのタイミングになります。**

翌日、寄り付きでギャップアップしました。始値は435円。前日の終値よりも48円値上がりしました。

実例解説5-4①

岡藤ホールディングス （東証ジャスダック8705）

●5分足チャート

実は、私自身、この銘柄はストップ高の持ち越しパターンで買っていません。

私の公式サイトに書きましたが、もっと低い株価で買っています。**デイトレードで押しを狙って買い、株価が上がるにつれて少しずつ利食いしていき、最後に残った株をスイングトレードに切り替えて持ち越しました。**

具体的な買いのタイミングは、Cのところです。

しかし、もしデイトレードで買っていなければ、Aのタイミングで買って、いったん、ロスカットし、再びBのところで買います。

ちなみに、**デイトレードで買った残りの持ち株を利食いしたのは、オーバーナイト投資術のセオリーどおり、翌日の寄り付きです。**

実例解説5-4②のチャートでは、Dのところです。

実例解説5-4②

岡藤ホールディングス （東証ジャスダック8705）

●5分足チャート

9

翌日もストップ高になれば大きな利益を得られる

銘柄によっては数日間ストップ高が続く

ストップ高持ち越しトレードの醍醐味は、なんといっても連続ストップ高です。銘柄によっては翌日の寄り付きでストップ高になることがあります。実例で見てみましょう。

図5-4のチャートは、不二サッシ（東証2部5940）の5分足チャートです。

Aのところで、前日比50円高のストップ高になりました。

しかし、下落してしまい、Bのあたりでロスカット。

その後もう一度、Cのところでストップ高になりました。ここで再度買います。

それから何度か下落したのですが、ロスカットになるほどではありませんでした。

翌日は特別買い気配でスタート。前日比50円高の178円で寄り付きました。

このように時々、ストップ高が続いて大きな利益を得ることができます。

図5-4 ストップ高持ち越しトレードの醍醐味

● 不二サッシ（東証2部5940）5分足チャート

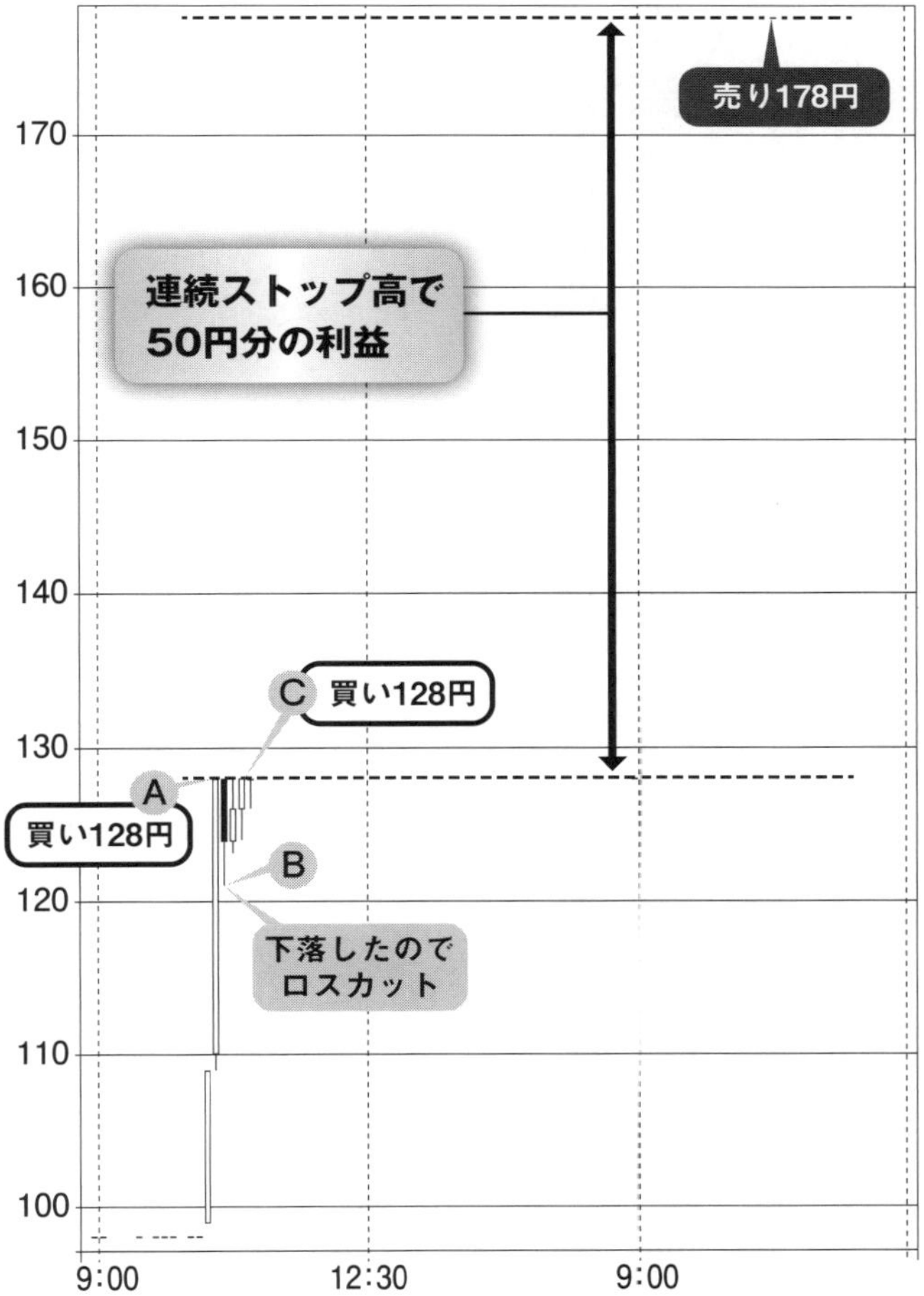

10 連続ストップ高の深追いはしない

株価は高騰するほどリスクが高くなる

前節で述べましたが、ストップ高の持ち越しで、翌日の寄り付きでストップ高になれば大きな利益が得られます。

銘柄によっては数日間ストップ高が続きます。連続ストップ高です。

ストップ高の持ち越しパターンはストップ高になった銘柄を買うわけですが、連日続くストップ高を追い続けて買ってもよいというわけではありません。**連続ストップ高の深追いは止めましょう**。

株価は上がれば上がるほどリスクが高くなります。下落する確率が高くなるのです。当然、**ストップ高が続くほどリスクは高くなるわけです**。実例で見てみましょう。

図5-5のチャートは、理研グリーン（東証ジャスダック9992）の日足チャートです。

図5-5 連続ストップ高の場合はリスクが大きい

● 理研グリーン（東証ジャスダック9992）日足チャート

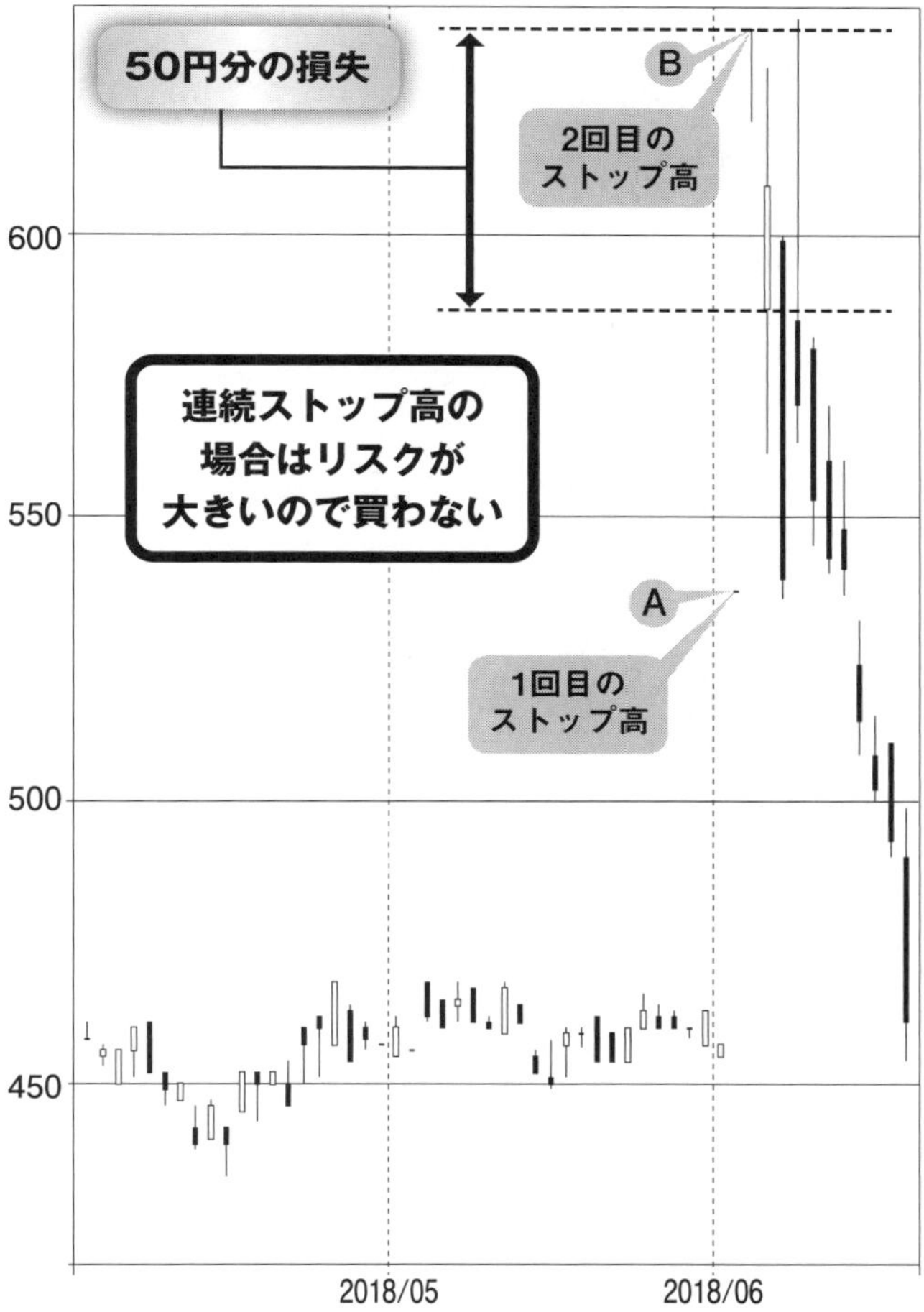

Ａのところでストップ高になっています。１回目のストップ高です。ただし、大引けのストップ高は比例配分です。注文を出しても確実に買うことはできないので、本書の手法では買いません。

次に、Ｂのところを見てください。ストップ高になった翌日の寄り付きです。ここでもストップ高になっています。連続ストップ高です。

寄り付きは比例配分ではないので、注文を出せば買うことができます。

株価は、ストップ高に張り付きました。翌日はギャップアップして始まりそうな気がします。実際、期待していた人も多かったでしょう。

しかし、翌日は特別売り気配でスタート。前日比50円安の５８７円で寄り付きました。**もし、Bのところで買っていれば、大きな損失が出たことになります。1000株買っただけでも、5万円の損失です。**

このように、連続ストップ高の場合はリスクが高くなります。

そのため、**リスクを取ってでも大きい利益を狙いたい人は買ってもかまいませんが、リスクを避けたい人は株を買わずに見送ってください。**

11 何度も下落を繰り返す銘柄は買わない

翌日にギャップダウンする確率が高い

ストップ高持ち越しパターンでは、ストップ高の株価で買った後に下落してきたらロスカットをします。

そして再びストップ高まで上がったら、株を買います。

しかし、**これを何度も繰り返すわけではありません。なかなかストップ高に張り付いたままの状態にならない場合は、翌日、ギャップアップする確率が低いからです。**

実例をあげて説明しておきましょう。

図5-6のチャートは、スペースシャワーネットワーク（東証ジャスダック4838）の5分足チャートです。

前取引日の終値は９４５円です。この価格帯の値幅制限は１５０円なので、この日のストップ高は１０９５円になります。

Ａのところで、株価が１０９５円まで上昇しました。買いのタイミングです。

しかし、すぐに株価が下落してしまいました。いったん、ロスカットします。

その後も何度となく「ストップ高になっては下落」を繰り返します。

後場、ようやくストップ高に張り付きました。

しかし、翌日は寄り付きでギャップダウンしてしまいました。始値は１０６７円。前日の終値より28円値下がりしてしまいました。


私の経験からですが、このようにストップ高になかなか張り付かず、「ストップ高になっては下落」を何度も繰り返す銘柄は、翌日、ギャップアップする確率が低いです。それどころか、ギャップダウンする確率が高いです。

そのため、1回か2回ロスカットしたら、その後、ストップ高になっても買わないようにしましょう。

図5-6 何度も下落する場合は買わない！

● スペースシャワーネットワーク(東証ジャスダック4838)5分足チャート

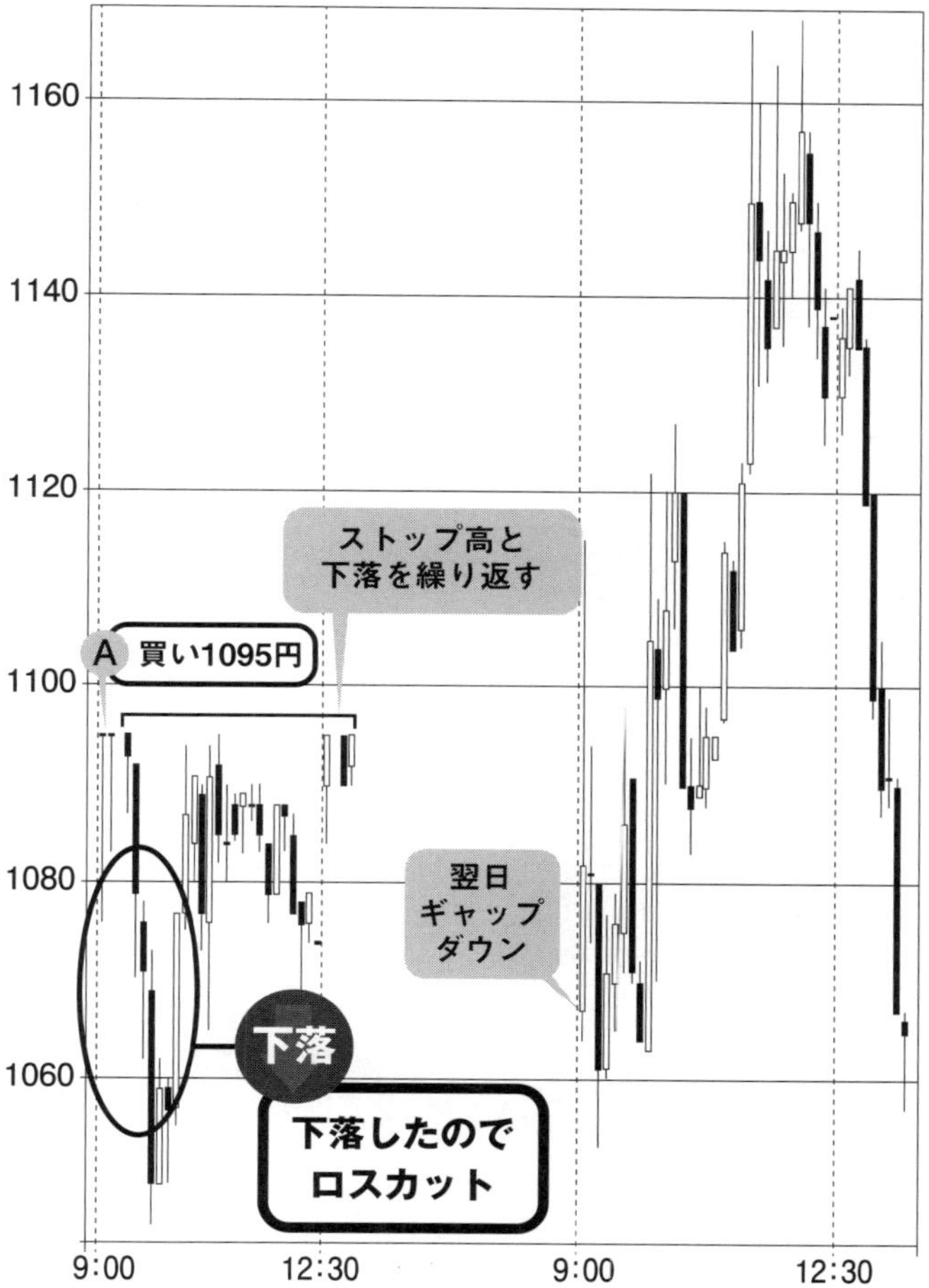

12 大村紙業

演習問題5-1のチャートは、大村紙業（東証ジャスダック3953）の5分足チャートです。

この章で紹介している「ストップ高持ち越しパターン」で買いポジションを持つところはどこでしょうか。

答えてください。

HINT!

前日の終値は1153円。
この価格帯の値幅制限は300円です。
上限あたりのローソク足に注目しましょう。

演習問題5-1

大村紙業 （東証ジャスダック3953）

●5分足チャート

【解答】

Aのところ

【解説】

この問題は簡単だったと思います。

ヒントに書いたとおり、前日の終値は１１５３円。この価格帯の値幅制限は３００円ですから、ストップ高は１４５３円になります。

この価格に達したのは、Aのところだけです。

その後、株価がストップ高に張り付いてしまいました。

そのため、買うタイミングはAのところだけになります。

翌日、寄り付きでギャップアップしました。始値は１５９３円。前日の終値よりも１４０円値上がりしました。

解答5-1

大村紙業 （東証ジャスダック3953）

●5分足チャート

13 初心者は上昇傾向の時だけ勝負する

リターンが高いがリスクも大きい

ストップ高の持ち越しパターンについてですが、なるべく、相場全体が上昇傾向の時だけにしたほうがいいでしょう。理由は、相場全体が上昇傾向以外の時は難易度が高くなるからです。利益を出すのが難しいということです。

相場全体が上昇傾向以外の時は、ストップ高になっても、その後、大きく下落してしまうことが多いです。また、ストップ高に張り付いたとしても、何度も寄り付いてしまうことが多いです。そして、ストップ高で大引けになったとしても、翌日の寄り付きで下落する可能性が高いです。

もちろん、すべての銘柄がこのようになるわけではありませんが、初めのうちは相場全体が上昇傾向の時だけに限定してください。

14 銘柄選びの条件は「ほどほど程度」でいい

厳しすぎる条件はトレードの機会を奪う

これで銘柄選びのパターンの説明は終わりです。

第3〜5章で、買いのパターンを3つ、売りのパターンを1つ紹介してきました。

あくまでも、これはパターンの一部です。すべてではありません。

なるべく多くのパターンを持つようにしましょう。

そうしないと、トレードできる機会が極端に減ってしまうからです。

パターンの数は、多ければ多いほどよいです。

もちろん、なんでもいいから数多く、というわけではなく、それなりの精度が必要になります。

本書で紹介したパターンを参考に、パターン作りに挑戦してみてください。

それなりの精度が必要なのですが、あまり厳しい条件にする必要はありません。

なぜなら、あまり厳しい条件にしてしまうと、精度は上がったとしても、該当する銘柄が極端に少なくなってしまい、トレードの機会も極端に減ってしまうからです。

私自身、オーバーナイト投資術を始めたころは、かなり厳しい条件にしていました。

その結果、トレードの機会が極端に減り、最も稼げる「強い上昇相場」であまり稼ぐことができませんでした。

大きくギャップアップする銘柄を、指をくわえて見ていました。

銘柄選びの条件は「ほどほど程度」でいいでしょう。「少し優位性があるかな」くらいで十分です。

第6章

実践①
ポジション比率の調整で
高い利益を狙おう！

1 ポジションの比率は金額ベースで決める

買いと売りのポジション比率を状況によって変える

この章では、買いポジションと売りポジションの比率について説明します。**比率は常に同じというわけではありません。比率は状況によって変えます。**どのように変えるのかということを説明していきます。

まず最初に説明するのが、**「ポジションの比率は金額ベースで決める」**ということです。買いポジションと売りポジションの比率は、銘柄の数で決めるわけではありません。たとえば、買いポジションとして3銘柄を持ったとします。これに対して売りポジションを作る場合、初心者の方は、たいがい売りポジションとして3銘柄を持ちます。

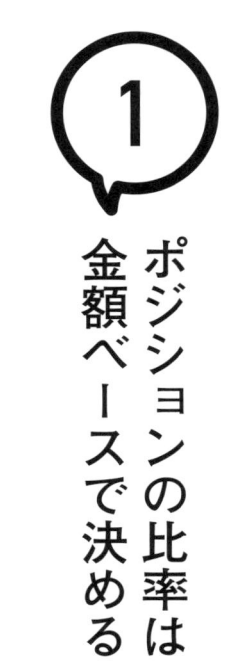

その理由は、「買いポジションが3銘柄なので、売りポジションも3銘柄にしたほうがいいと思ったから」です。

これは必ずしも間違いというわけではないのですが、以下のように金額が極端に異なってしまう可能性があります。

買いポジションの3銘柄の約定代金……970万円
売りポジションの3銘柄の約定代金……30万円

同様に、株数で決めると、同じようなことがおきます。たとえば、買いポジションとして3000株を持ったとします。

買いポジションの3000株の約定代金……970万円
売りポジションの3000株の約定代金……30万円

これも極端な例ですが、このように同じ3000株でも約定代金ベースで見るとかなり偏った比率になる可能性があります。

株数だけでポジションを決めると、このようなことが起きてしまうわけです。

最もよいのは、「銘柄数が同じ、株数が同じ、約定代金も同じ」なのですが、それぞれ株価が異なるため、この条件にするのは無理です。

私自身、いろいろと試したのですが、最終的には「約定代金の金額ベースで比率を調整した方がいい」という結論になりました。

たとえば、以下のようなポジションになります。

買いポジションの約定代金の合計……500万円
売りポジションの約定代金の合計……500万円

このようにすることで、比率の調整がしやすくなります。

読者の方は、まず、オーバーナイト投資術でいくらの資金を使えるか検討してみてください。そして、その資金を、「買いポジション50％、売りポジション50％」というように、半分に分けておいてください。この比率を調整していくことになります。

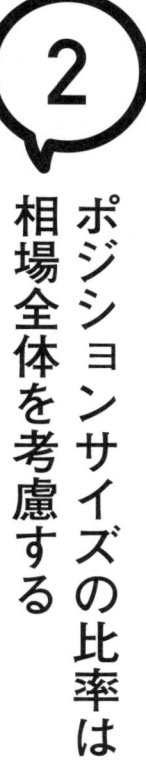

②ポジションサイズの比率は相場全体を考慮する

相場全体が上昇傾向か、下落傾向か

では、ポジションサイズの比率はどのようにして調整すればよいのでしょうか。
これは、「相場全体の傾向」を考慮して調整します。

相場全体が上昇傾向……買いポジションのサイズを大きくし、売りポジションのサイズを小さくする
相場全体が下落傾向……買いポジションのサイズを小さくし、売りポジションのサイズを大きくする

相場全体が上昇傾向の時、個別銘柄の株価は上昇する確率が高いので、次のように、買いポジションのサイズを大きくし、売りポジションのサイズを小さくすると、トータルで利益が出やすくなります。

買いポジションの約定代金の合計……200万円
売りポジションの約定代金の合計……100万円

逆に、相場全体が下落傾向の時、個別銘柄の株価は下落する確率が高いので、次のように、買いポジションのサイズを小さくし、売りポジションのサイズを大きくすると、トータルで利益が出やすくなります。

買いポジションの約定代金の合計……100万円
売りポジションの約定代金の合計……200万円

このように、買いポジションサイズと売りポジションサイズの比率は、相場全体の傾向によって調整するわけです。

3 日経平均株価から相場の傾向を見極める

オーバーナイト投資の利益が飛躍的に伸びる

次は、「相場全体の傾向」の見極め方について説明します。

相場全体の傾向は、日経平均株価の動きから見極めます。日経平均株価とは、日本経済新聞社が東証1部上場銘柄の中から選んだ225銘柄によって算出される株価指標です。国内の株式相場を代表する指標なので、日経平均株価の動きを見れば国内の株式相場の動きがわかるといってもよいでしょう。

日経平均株価が上昇傾向……株式相場全体が上昇傾向である可能性が高い
日経平均株価が下落傾向……株式相場全体が下落傾向である可能性が高い

もちろん、日経平均株価が上昇傾向だからといって、全ての銘柄が上昇傾向というわけではありません。下落傾向の銘柄もあるわけです。

しかし、比率としては、上昇傾向の銘柄が多くなります。

同様に、日経平均株価が下落傾向だからといって、全ての銘柄が下落傾向というわけではありません。上昇傾向の銘柄もあるわけです。

しかし、比率としては、下落傾向の銘柄が多くなります。

このポジションサイズの比率調整を取り入れないと、コンスタントに利益を出すのが難しくなってしまいます。

また、強いトレンドが発生した相場で、大きな利益を出すことができなくなってしまいます。

私自身、日経平均株価から相場全体の傾向を見極め、それをポジションサイズ比率調整に取り入れるようになってから、オーバーナイト投資術の利益が飛躍的に伸びました。

読者の方も、必ず取り入れるようにしてください。

4 日経平均株価の短期的な傾向を見極める たった1つのポイント

5日移動平均線の向きをチェックする

日経平均株価から相場全体の傾向を見極めるには、日経平均株価の日足チャートを使います。その日足チャートに移動平均線を表示させます。

移動平均線は、5日移動平均線と25日移動平均線の2本です。**実際に使うのは、5日移動平均線のほうだけです。移動平均線を見る上でのポイントは、たった1つです。**

「5日移動平均線の向き」だけです。

5日移動平均線が上向きなのか、下向きなのか、横向きなのか、ということです。

上向き……日経平均株価は短期的に上昇傾向である確率が高い
下向き……日経平均株価は短期的に下落傾向である確率が高い
ほぼ横向き……日経平均株価は短期的に上昇傾向、下落傾向のどちらでもない確率が高い

実際のチャートを使って説明しましょう。

図6-1のチャートは日経平均株価の日足チャートです。

Aのところを見てください。5日移動平均線が上向きになっています。日経平均株価は短期的に上昇傾向である確率が高いといえます。

次に、Bのところを見てください。5日移動平均線が下向きになっています。日経平均株価は短期的に下落傾向である確率が高いといえます。

最後に、Cのところを見てください。5日移動平均線がほぼ横向きになっています。日経平均株価は短期的に上昇傾向、下落傾向のどちらでもない確率が高いといえます。

図6-1 短期的な傾向の見極め方

● 日経平均株価 日足チャート

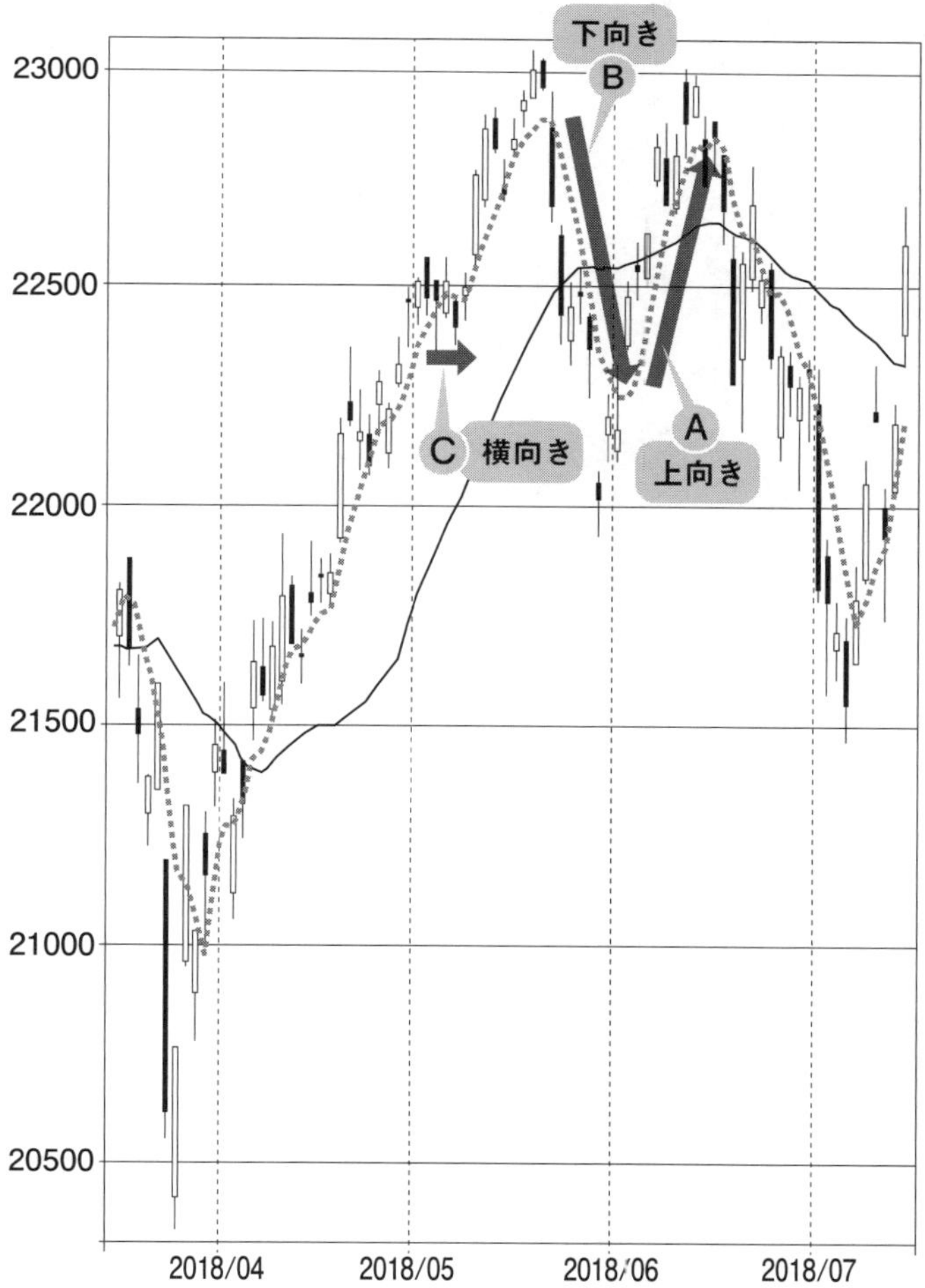

5 さらに見極めの精度が高まるチェック項目

該当数が多いほどポジションサイズの比率を偏らせる

5日移動平均線の向きを使った方法は、簡易的な見極め方法です。これで十分ですが、さらに精度を高めたいのであれば、以下についてもチェックしましょう。該当する数が多いほど、上昇傾向・下落傾向である可能性が高くなります。

◆上昇傾向である可能性が高い状況

- 25日移動平均線が上向き
- 5日移動平均線が25日移動平均線の上にある
- 日経平均株価が25日移動平均線の上にある
- 5日移動平均線と25日移動平均線が一定の間隔を保ちながら上向きで推移している

- 高値・安値を切り上げている
- 最高値を更新している

◆**下落傾向である可能性が高い状況**

- 25日移動平均線が下向き
- 5日移動平均線が25日移動平均線の下にある
- 日経平均株価が25日移動平均線の下にある
- 5日移動平均線と25日移動平均線が一定の間隔を保ちながら下向きで推移している
- 高値・安値を切り下げている
- 最安値を更新している

該当する数が多いほど、ポジションのサイズも偏った比率にします。

ただし、相場はあまり行き過ぎると反転する可能性が高くなるので、そのあたりは相場の雰囲気を感じ取りながら調整していく必要があります。

6 上昇傾向でも下落傾向でもない場合のポジション比率

買いと売りのポジションの比率を同じにするのが基本

では、5日移動平均線がほぼ横向きで、相場全体が上昇傾向でもなく、下落傾向でもない場合はどのような比率にすればよいのでしょうか。

基本は、買いポジションと売りポジションの比率を同じにします。ただ、私の場合は、ポジションを作る当日の相場の流れを考慮して比率を調整することがあります。

日足が陽線になる（なりそう）……買いポジションの比率を少し高める
日足が陰線になる（なりそう）……売りポジションの比率を少し高める

このあたりは経験を積むことで調整できるようになります。

7 相場の雰囲気を考慮することも大事

相場に正解はない

相場全体の傾向を見極めた上で、ポジションサイズの比率を調整します。

具体的な比率については、目安やマニュアルのようなものはありません。裁量で決めることです。このあたりは、経験を積んでスキルを上げていく必要があります。

私自身、裁量の部分に「相場の雰囲気」も考慮しています。

たとえば、相場全体で上値が重いような雰囲気があれば、はっきりとした上昇傾向でも、買いポジションと売りポジションのサイズを同じにすることがあります。これは、「相場全体の下落を警戒して」ということです。

このように経験を積むことで、相場の雰囲気も考慮してポジション調整をできるようになります。

8 初心者は上昇傾向がはっきりしている相場から始めたほうがよい

上昇局面では「買い」が断然有利になる

ポジションサイズの比率調整についての説明は以上です。

初心者の方にとっては少し難しかったかもしれません。

初心者の方は、上昇傾向がはっきりしている相場からオーバーナイト投資術を始めたほうがよいでしょう。

上昇傾向がはっきりしている相場は、銘柄選びが簡単ですし、ポジションサイズの比率調整も簡単です。

買いポジションの方を大きくすれば、利益が出やすくなります。図6-2のように、日経平均株価が週足で高値を追うような状況では、買いが断然有利になります。

図6-2 上値を追うような状況は買いが有利

● 日経平均株価 週足チャート

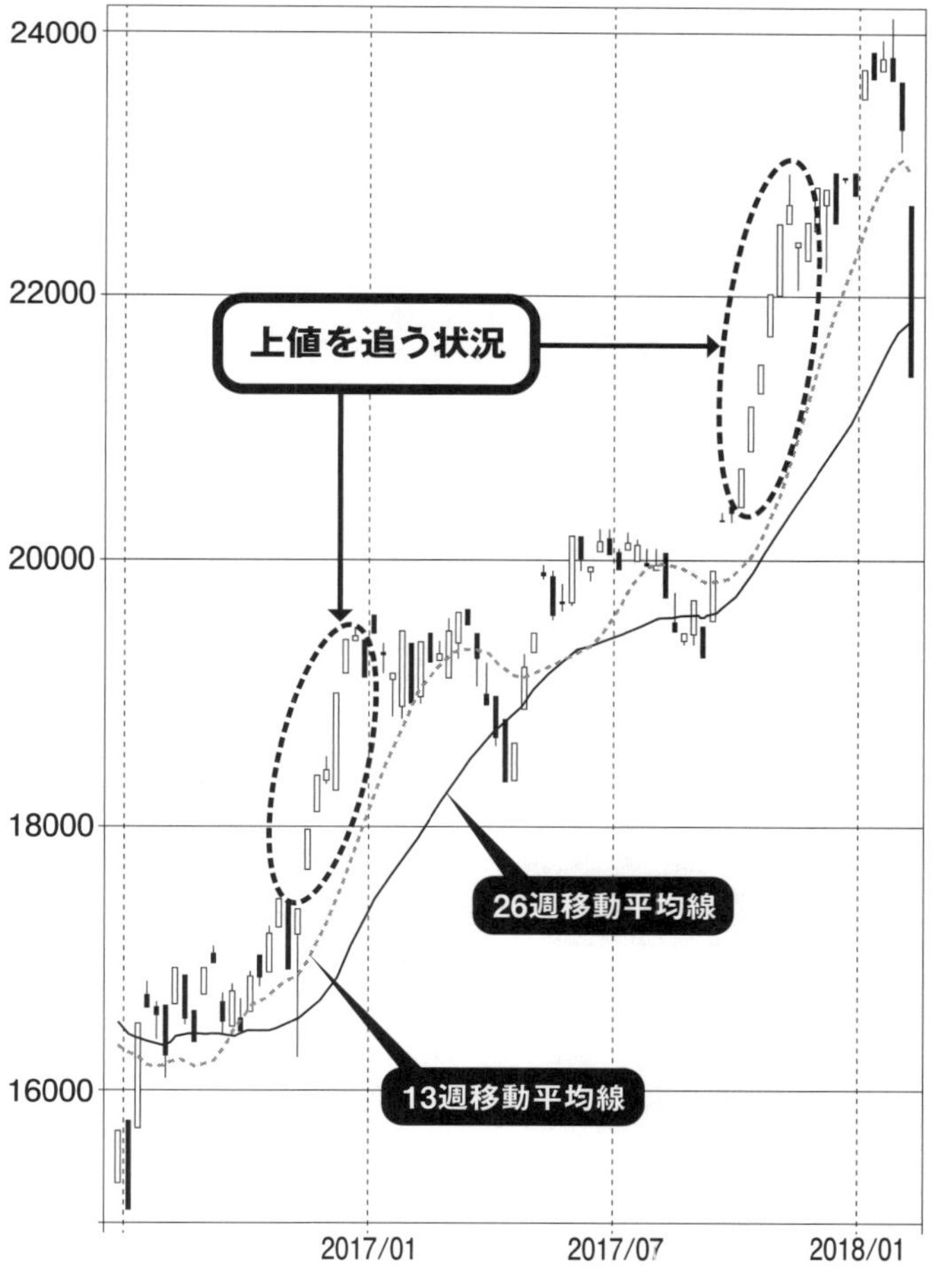

◆週足で上値を追うような状況

- 26週移動平均線が上向き
- 13週移動平均線が26週移動平均線の上にある
- 日経平均株価が26週移動平均線の上にある
- 週足が上値を追っている（更新している）

こういった状況でオーバーナイト投資術を始めれば、利益を出しながらトレードを覚えることができると思います。

9 フラットな状態で利益が出るようなポジション作り

予想に反した相場でもトータルで利益を出せる

この章の最後に、フラットな状態でのポジション作りについて説明しておきます（第1章でも少し触れましたが、ここで改めて説明します）。

フラットな状態とは、以下のような状態のことです。

- **大引けから翌日の寄り付きまでの間に国内株式市場に大きく影響するような材料が出ていない**
- **米国株式市場の株価が大きく変動しなかった**

翌日の日経平均株価が「前日比でプラスマイナス0」からスタートするような状態、と考えてもよいでしょう。

本書のオーバーナイト投資術では、基本的にフラットな状態で利益が出るようなポジション作りをします。

何度も述べてきたように、上がりそうな銘柄を買い、下がりそうな銘柄を売り建てるのです。

こういったポジション作りが上手くなると、仮に、日経平均株価が100円くらい下がってスタートしても、また逆に、100円くらい上がってスタートしても、その日に持っていたポジションではトータルで利益が出るようになります。

日経平均の100円くらいの変動でも、買った銘柄は狙いどおりに値下がりし、売り建てた銘柄は狙いどおりに値下がりする、動きをするわけです。

ポジションサイズの比率調整の勉強も大切なのですが、こういったフラットな状態で利益が出るようなポジション作りについても勉強してみてください。

第7章

実践②
リスク管理を
徹底しよう！

1

ヘッジとしてのポジションを持つ

ヘッジなしのトレードは大きな損失の可能性あり

この章では、株式以外の金融商品を使ったポジションについて説明します。株式の代替と思っていいでしょう。実際にオーバーナイト投資術を始めるとわかるのですが、以下のような状況になることがあります。

- **買いポジションの銘柄は見つかったが、売りポジションの銘柄が見つからない**
- **売りポジションの銘柄は見つかったが、買いポジションの銘柄が見つからない**

本書のオーバーナイト投資術では、買いポジションと売りポジションの両方を持つことになります。これは先に説明したとおり、ヘッジの役割も兼ねています。大引けから翌日の寄り付きの間に相場で大きな変動が起きた場合を想定してのヘッジです。

買い、または売りの片方のポジションしか持たないということは、ヘッジなしでトレードをしているということになってしまいます。

大引けから翌日の寄り付きの間に相場で大きな変動が起きた場合、片方のポジションしか持っていないと大きな損失が出てしまう可能性があります。

たとえば、買いポジションしか持っていない状況で相場が大きく下落してしまうと、大きな損失が出てしまいます。ポジションサイズの大きさによっては、かなり大きな損失が出てしまうでしょう。

私自身、片方のポジションしか持っていない時に相場全体が大きく下落して大きな損失を出してしまったことがあります。

「買いポジション1銘柄、ポジションサイズ小」といった状況であれば、ヘッジとしての売りポジションはなくてもかまいません。

しかし、**ある程度のポジションのサイズであれば、ヘッジは必要になります。ポジションに適した銘柄がなくても、なんらかの形でヘッジとしてのポジションを持つようにしましょう。**

②日経平均先物でヘッジする

株式以外の金融商品でポジションを持つ

買いポジションや売りポジションは、必ずしも株式でなくてもかまいません。**買う銘柄や売り建てる銘柄がない場合、他の金融商品でポジションを持ちましょう。**

私はよくヘッジとして、日経平均先物（日経225先物）のポジションを持ちます。これは、日経平均株価を原資産とする株価指数先物取引のことです。国内では大阪取引所に上場されています。日経平均先物には、「ラージ」と「ミニ」があります。

ラージ……日経平均株価の1000倍。値段の刻み10円
ミニ（日経225mini先物）……日経平均株価の100倍。値段の刻み5円

一般的に、日経平均先物といえばラージのことを指します。ミニは、ラージの10分の1サイズということです。

ラージにするかミニにするかは、資金によって異なります。

日経平均先物は下落局面でも利益を狙える

日経平均先物は、価格の上昇と下落、どちらでも利益を狙うことができます。

ロング……買い建てのポジションのこと。価格の上昇で利益が出る
ショート……売り建てのポジションのこと。価格の下落で利益が出る

ロングポジションを持った場合、価格が上昇すると利益が出て、価格が下落すると損失が出ます。

ショートのポジションを持った場合、価格が下落すると利益が出て、価格が上昇すると損失が出るわけです。

◆日経平均先物の損益

日経平均先物の値が10円動いたらいくら損益が出るのでしょうか。

ラージ1枚……10円動くと1万円の損益
ミニ1枚……10円動くと1000円の損益

この金額をしっかり覚えておいてください。

損益の計算だけでなく、ポジションサイズの調整にも必要になります。

この金額を覚えておかないと、ポジションサイズの調整に失敗し、大きな損失が出てしまうこともあります。

日経平均先物取引には先物口座が必要

日経平均先物取引をする場合、普通の証券口座や信用取引口座ではできません。

新たに先物取引の口座を開設する必要があります。

信用取引口座と同様に、口座開設の際には審査があります。

最近は、比較的簡単に、審査に通るようです。

◆必要最低証拠金

先物取引は証拠金取引です。口座に証拠金を入れて取引をします。日経平均先物1枚あたりに必要な証拠金の計算には、SPAN®（Standard Portfolio Analysis of Risk）という証拠金計算方法が採用されています。

概ね、以下のとおりです。

ラージ……1枚あたり70万円前後
ミニ（日経225mini先物）……1枚あたり7万円前後

必要最低証拠金は変動します。大体、ラージは1枚あたり70万円前後、ミニは1枚あたり7万円前後です。

必要最低証拠金については、取引できる証券会社で調べてください。

3 日経平均先物のポジションサイズをどう決めるか？

日経平均が200円下落することを想定する

日経平均先物ポジションを持つ場合、初めのうちはポジションの大きさをどのくらいにすればよいのかわからないと思います。

そこで、**「翌日の寄り付きで日経平均株価が200円ほど下落した場合」を想定してポジションの大きさを決めるとわかりやすくなります。**たとえば、AからDの4銘柄の買いポジションを持つとしましょう。この4銘柄が、翌日の寄り付きで日経平均株価が200円ほど下落した場合にどのくらいの損失が出るかを想定します。

銘柄A……3万円の損失
銘柄B……3万円の損失

図7-1 日経平均先物のポジションサイズの決め方

翌日の寄り付きで日経平均株価が200円ほど下落した場合にどのくらいの損失が出るかを想定する

例
銘柄A……3万円の損失
銘柄B……3万円の損失
銘柄C……2万円の損失
銘柄D……2万円の損失

4銘柄の損失額の合計は10万円

↓

想定損失額を基準にして日経平均先物のポジションサイズを決める

例
ミニ5枚でちょうど10万円
↓
ミニのショートを5枚持つ

ヘッジという位置づけであれば、ミニのショート2、3枚でかまいません

銘柄C……2万円の損失
銘柄D……2万円の損失

4銘柄の損失額の合計は、10万円です。

これに対して、売りポジションを日経平均先物だけで持つ場合、10万円を基準にしてポジションサイズを考えればよいわけです。ラージのショートとミニのショート、それぞれ200円下落した時の損失額は以下のとおりです。

ミニ（ショート）1枚あたり……2万円
ラージ（ショート）1枚あたり……20万円

ラージ1枚では10万円なので、4銘柄の損失額の合計である10万円を大きく超えてしまいます。そのため、ラージのポジションは持つことができません。

ミニのほうで調整します。ミニ5枚で、ちょうど10万円になります。

ただし、「4銘柄の買いポジションで利益を狙い、日経平均先物のショートポジションはヘッジ」という位置づけであれば、日経平均先物の枚数を少し減らしてもかまいません。ミニのショート2、3枚でいいでしょう。

個別銘柄のカラ売りポジションを持ち、日経平均先物のロングポジションでヘッジをかける場合も、同じように「翌日の寄り付きで日経平均株価が200円上昇した場合」を想定してポジションサイズを決めましょう。

たとえば、銘柄EからHの4銘柄の売りポジションを持ち、損失額の合計が10万円と想定しましょう。ミニ（ロング）5枚で、ちょうど10万円になります。

「4銘柄の売りポジションで利益を狙い、日経平均先物のロングポジションはヘッジ」という位置づけであれば、ミニのロング2、3枚でいいでしょう。

このように、翌日寄り付きの日経平均株価の上昇、または下落による損失額を想定すると、日経平均先物ポジションサイズがわかります。ここでは、「翌日の寄り付きで日経平均が200円変動」を想定しましたが、相場の状況によっては、「100円の変動」「300円の変動」でもかまいません。スキルが身についてきたら、調整してみてください。

4 ETFでヘッジする

先物に抵抗がある人向けの方法

「先物はどうも気が進まない」「できれば先物をやりたくない」という方も多いようです。

先物に抵抗がある方は意外と多いようです。

そのような方は、「ETF」を利用してみてください。

ETFとは、「Exchange Traded Fund」の略です。

上場されていて、株式のように売買できる投資信託と捉えてよいでしょう。

ETFには様々な銘柄があります。金（ゴールド）価格に連動した銘柄やとうもろこしの指数に連動した銘柄などがあります。

その中から、**オーバーナイト投資術では、日経平均株価に連動した銘柄にします。**

日経平均株価に連動したETFはいくつかあるのですが、その中でも取引高が多いものを選びましょう。

中には取引高が少ないETFもあります。そういった銘柄は、希望する値段で売買できないことがあります。

オーバーナイト投資術の場合、基本的には大引けや寄り付きで売買するので、取引高の心配をする必要はないのですが、それでもなるべく取引高の多いETFを選ぶようにしましょう。おすすめは以下の2銘柄です。


日経225連動型上場投資信託（東証1321）

NEXT FUNDS 日経平均レバレッジ・インデックス連動型上場投信（東証1570）

「NEXT FUNDS 日経平均レバレッジ・インデックス連動型上場投信」は、名前のとおり、レバレッジがかかっています。この2銘柄だけで十分だと思います。

◆ETFの注文の出し方

ETFの注文の出し方は、現物株の取引や信用取引と同じです。日経平均先物のように、特別な取引口座は必要ありません。注文は、普通の株式の注文画面からできます。

買いの場合……現物、または信用取引の新規買い建て
売りの場合……信用取引の新規売り建て

ポジションのイメージとしては以下のようになります。

例1

買いポジション……株式5銘柄（買い）
売りポジション……日経平均連動型ETF100株（売り建て）

例2

買いポジション……日経平均連動型ETF100株（現物、または信用買い）
売りポジション……株式5銘柄（売り建て）

5 日経平均先物とETFではどちらがよいのか？

私が日経平均先物を使う3つの理由

日経平均先物と日経平均連動型のＥＴＦでは、どちらがよいのでしょうか。

私の意見ですが、日経平均先物のほうです。

その理由は以下の３つです。

①日経平均先物のほうが売買手数料が安いから

②日経平均先物は金利がつかないから

③日経平均先物は逆日歩がつかないから

１つ目の理由は、売買手数料が安いからです。

売買手数料を比べた場合、日経平均先物のほうが安いです。同じ金額のポジションサイズにすると、売買手数料は明らかに日経平均先物のほうが安いです。

2つ目の理由は、金利がつかないからです。

日経平均連動型のETFを現物で買う場合には、金利がつきません。しかし、信用取引で買い建てたり、売り建てたりする場合には金利がかかります。

日経平均先物のほうは、ロングポジションもショートポジションも金利がつきません。金利はそれほど大きな額ではありませんが、ないほうがいいでしょう。

3つ目の理由は、逆日歩がつかないからです。

これも、2つ目の理由とほぼ同じなのですが、日経平均連動型のETFを信用取引で売り建てした場合、逆日歩がつくことがあります。

日経平均先物のほうは、ショートポジションに逆日歩がありません。

逆日歩の金額はそれほど大きくないのですが、やはり負担になるのでないほうがいいでしょう。

以上の理由から、私は日経平均先物のほうがよいと思っています。

私の場合、オーバーナイト投資術で持った日経平均先物やＥＴＦはヘッジが目的になります。「ポジションに適した銘柄がないので、仕方なく、株式の代わりとして持つ」ということです。

そのため、（オーバーナイト投資術における）日経平均先物やＥＴＦのポジションで利益を狙うようなことはほとんどありません。

これから先、株トレードで稼いでいくのなら、日経平均先物のトレードは覚えておいたほうがいいでしょう。

オーバーナイト投資術以外でも、いろいろと使えます。

利益を得られるチャンスが広がるし、リスクを回避することにも使えます。

おわりに

私は、デイトレード、オーバーナイト投資術を含むスイングトレードを中心にしたトレードスタイルで、約20年間ずっと稼いでいます。

最近は株トレードで利益を得ることは、それほど難しいことではなくなりました。毎日、同じようなことを繰り返していれば、利益を得ることができます。

ブログにデイトレードの勝ち負けを書いていますが、負けるのは月に2、3日です。大勝が続くこともよくあります。

それでも、現状に満足はしていません。

トレードの勉強は続けています。

ここ最近、また「トレード・ノート」をつけ始めました。これは、トレードをしていて気付いたことを書き記しておくノートです。

とくに負けたトレード（損をした取引）は詳細を書き、「なぜ負けたのか」といった敗因を自分なりに分析して書いておきます。

敗因がわかれば、後は同じようなトレードをしないことで、勝率が上がります。「負けパターンを1つずつ潰していく」ようなイメージです。

読者の方も、オーバーナイト投資術を始めたら、トレード・ノートをつけてみてください。「敗因を分析して書き、同じようなトレードをしないようにする」といったことだけで、勝率や収益率が飛躍的に伸びます。

また、数千万円、数億円を稼ぎ出す、新しい手法ができる可能性があります。

本書を最後までお読みいただき、ありがとうございました。

読者の中から、株トレードで数千万円、数億円を稼ぎ出す人が出てくれたら、という思いで、本書を書きました。皆様が株トレードで成功することを祈っています。

2018年8月

二階堂重人

【著者紹介】
二階堂重人（にかいどう　しげと）
1959年、埼玉県生まれ。専業トレーダー。株で「勝つための知識とテクニック」を徹底的に研究。株トレードだけでなく、FX、ビットコイントレードでも驚異の勝率をたたき出している。テクニカル分析を駆使したデイトレードやスイングトレードが中心。独自の手法が人気で、著書は50冊を超える。主な著書に、『株トレード カラ売りのルール』『ビットコインのデイトレード 儲けのルール』（すばる舎）、『最速で稼げる投資家になる！ 株「常勝」トレーダー100の教え』（電波社）、『最新版 これから始める株デイトレード』『株トレード 1億円を目指すチャートパターン』（日本文芸社）、『株ブレイクトレード投資術』（徳間書店）、『世界一わかりやすい！ FXチャート実践帳 スキャルピング編』『世界一わかりやすい！ FXチャート実践帳 トレンドライン編』（あさ出版）などがある。

著者公式サイト　https://二階堂重人.com

一晩寝かせてしっかり儲けるオーバーナイト投資術

2018年9月27日発行

著　者――二階堂重人
発行者――駒橋憲一
発行所――東洋経済新報社
〒103-8345　東京都中央区日本橋本石町 1-2-1
電話＝東洋経済コールセンター　03(5605)7021
https://toyokeizai.net/

ＤＴＰ…………茂呂田剛（エムアンドケイ）
装　丁…………萩原弦一郎（256）
編集協力………野口英明
印　刷…………東港出版印刷
製　本…………積信堂
編集担当………水野一誠

ISBN 978-4-492-73349-3